은퇴전환기

마음길라잡이

은퇴전환기
마음길라잡이

초판 1쇄 발행 2017년 8월 1일

지 은 이 최주섭
발 행 인 권선복
편   집 심현우
디 자 인 서보미
전 자 책 천훈민
발 행 처 도서출판 행복에너지
출판등록 제315-2011-000035호
주   소 (07679) 서울특별시 강서구 화곡로 232
전   화 0505-613-6133
팩   스 0303-0799-1560
홈페이지 www.happybook.or.kr
이 메 일 ksbdata@daum.net

값 15,000원

ISBN 979-11-5602-507-8 (03190)

도서출판 행복에너지는 독자 여러분의 아이디어와 원고 투고를 기다립니다. 책으로 만들기를 원하는 콘텐츠가 있으신 분은 이메일이나 홈페이지를 통해 간단한 기획서와 기획의도, 연락처 등을 보내주십시오. 행복에너지의 문은 언제나 활짝 열려 있습니다.

이삼십대가 「부모님에게 선물하기」 딱 좋은 책

은퇴전환기

마음길라잡이

최주섭 지음

도서
출판 행복에너지

새로운 나! 원하는 삶!

과거에 정년퇴직을 하면 "은퇴한다."라고 말했습니다. '은퇴'란 사회경제적 역할에서 물러나 온전히 쉬는 것을 말합니다. 평균수명이 짧았던 과거에는 정년퇴직 후에 여행을 다니거나 쉬면서 보내다가 생을 마감하는 경우가 많았습니다. 그러나 100세 시대인 지금은 30년 이상의 제2 인생을 더 살아내야 합니다. 인생의 뒷부분을 커버할 새로운 이야기가 필요해진 것입니다. 따라서 정년퇴직을 하더라도 곧바로 은퇴할 수 없는 시대가 왔습니다.

오전인생을 마무리하고 오후인생의 새로운 시작을 준비해야 하는 공백기간을 '은퇴전환기'라고 합니다. '은퇴전환기'는 익숙한 삶의 방식과 새로운 삶의 방식이 어색하게 공존하며 좌충우돌하는

'중간지대'입니다. 제2 인생을 시작하기 전에 이 '중간지대'의 황무지를 잘 관리하는 일부터가 무엇보다 중요합니다. 지나온 삶을 놓아 버리는 것도 결코 쉬운 일이 아니고, 새로운 삶으로 나아가는 것도 결코 쉬운 일이 아니기 때문입니다.

우리나라는 현재 제1차 베이비붐 세대^{1955-1963년생}의 환갑이 한창 진행 중입니다. 또한 제2차 베이비붐 세대^{1968-1974년생}도 50대로 들어섰습니다. 앞으로 10년 내에 총인구의 3분의 1이 은퇴전환기를 맞이합니다. 언론은 베이비붐 세대의 퇴직을 '은퇴'가 아닌 '반퇴'라는 용어로 표현합니다. 이 용어는 두 가지 뜻을 내포하고 있습니다. 첫째는 "과거에는 은퇴 후 약 20년을 퇴역으로 살다가 사라지는 단순형 삶을 살았지만, 100세 시대인 지금은 순환형 인생주기를 만들어야 한다."라는 충고입니다. 둘째는 "퇴직 후에도 쉬지 못하고 실업과 임시직 사이를 오락가락할 가능성이 높다."라는 경고입니다.

퇴직자들을 대상으로 한 책들이 많이 출간되고 있습니다. 100세 시대 도래와 '퇴직 쓰나미'라는 초유의 현상 때문입니다. 많은 책들이 직업^{재취업, 창업}, 자산관리, 귀향^{귀촌}, 여가^{취미}, 대인관계, 봉사활동을 주제로 하고 있습니다. 또한 유명한 사람들의 제2 인생 성공스토리를 담은 책들도 많습니다. 이 책은 기존의 책들과는 달리 '마음'의 문제를 깊이 있게 실용적으로 다루었습니다.

우리는 평생직장에서 등 떠밀렸을 때 당황합니다. 그것을 대체할 수 있는 무언가를 빨리 되찾을 수 없을 때 마치 속살을 드러낸 것처럼 약해집니다. 당장 큰일이라도 날 것처럼 불안하고 두려워집니다. 익숙한 삶의 방식에서 벗어난 일상생활이 무척 낯설게만 느껴집니다. 이런 마음 상태로 새로운 역할 찾기를 서두르면서 더 큰 고통을 자초하기 일쑤입니다.

제2 인생을 시작하면서 가장 먼저 부딪히는 현실적 문제는 '새로운 역할'을 찾는 일입니다. 이를 재설정하지 못하면 역할 부재에 따르는 공허감으로 괴로울 수밖에 없습니다. 지금까지와 전혀 다른 마음으로 전환기 삶을 대할 때, 비로소 삶의 전체상을 볼 수 있으며 새로운 역할을 재발견할 수 있게 됩니다. 따라서 제2 인생은 마음부터 '리셋' 해야 합니다. '내면의 힘'을 기르고 '새로운 나'로 환골탈태하는 전환의 준비과정이 필요합니다.

은퇴전환기에는 육체, 내면, 환경에 대한 변화와 위기들이 한꺼번에 밀물처럼 몰려옵니다. 그러나 이는 '내면의 힘'을 기를 수 있는 시기적절한 혼란이기도 합니다. 저자의 체험으로 볼 때 은퇴전환기에는 총체적 변화와 위기의 출현 → 저항과 혼란의 체험 → '내면의 힘' 기르기 → 새로운 시작으로 나아가기의 단계를 차례대로 거치게 됩니다.

앞의 단계를 건너뛴 채 곧바로 '새로운 시작의 단계'로 전환될 수는 없습니다. 제2 인생은 오래된 것과 새로운 것의 중간에서 방황하는 것으로부터 시작됩니다. 사춘기의 방황을 거쳐야만 어른으로 탈바꿈 되듯이 이 어정쩡한 전환기의 방황을 충분히 체험해야만 비로소 새로운 시작으로 전환될 수 있습니다. 그래서 융C. G. Jung은 이 시기를 "자기에 대한 가장 큰 소외를 경험하는 총체적 위기"라고 경고하면서, 동시에 "내면의 진정한 자기를 만나고 전체성을 실현하는 과정"이라고도 평가했습니다.

저자는 제2 인생을 특별히 멋지게 살아내는 사람들의 사례를 읽을 때 감동을 받았습니다. 그러나 마음속에 오래 남지는 않았고 삶의 방식으로 뿌리 내리지도 못했습니다. 이 책은 태양처럼 빛나는 특별한 소수의 성공스토리가 아닙니다. 평범한 다수가 일상에서 별처럼 반짝이는 행복의 주인공이 될 수 있도록 돕기 위한 실용적인 이야기입니다. 사람들은 '마음'이 중요하다는 사실에는 아주 쉽게 동의합니다. 그런데 실제로는 '마음'에 대하여 놀랄 정도로 무관심하고 무지하며 투자도 하지 않고 있습니다.

제1장은 '서론의 단계'로서 은퇴전환기에 마주치는 심리적 위기

에 대하여 이야기합니다. 이 시기에는 온갖 변화들이 한꺼번에 밀물같이 몰려옵니다. 이는 누구에게나 주어진 삶의 자연스런 조건 중 하나입니다. 제1장은 이러한 '총체적 변화'에 따르는 심리적 위기의 특징과 본질을 있는 그대로 이야기합니다. 또한 그 이면에 존재하는 '숨은 가치'를 발견하여, 이를 제2 인생의 연료로써 활용합니다.

제2장은 '설명의 단계'로서 마음 및 명상의 기본원리에 대하여 이야기합니다. 우리가 무엇을 하든 감정의 밑바닥은 행복과 연결되어 있습니다. "행복은 일시적이고 부수적인 것이 아니라 순간순간 '삶의 질'을 결정짓는 요소입니다. 고대로부터 지금까지 많은 사람들은 '마음'에서 행복을 찾았습니다. 삶의 어떠한 문제도 '마음'에서 답을 찾을 수 있습니다." 제2장은 마음의 생멸, 특징, 종류 등에 대하여 설명합니다. 또한 마음수행의 중요 수단이자 몸과 마음의 가교인 '명상'에 대하여도 설명합니다.

제3장은 '전개이론 부문의 단계'로서 제2 인생에서 꼭 새겨 두어야 할 '세 가지 지혜'에 대하여 이야기합니다. 마음수행은 인지적 방법과 체험적 방법을 병행해야 합니다. 인지적 방법이란 '앎'을 통하여 지혜를 키우는 것입니다. 체험적 방법이란 일상의 체험을 통하

여 지혜가 습관으로 배일 수 있도록 하는 것입니다. 제3장은 인지적 방법의 마음수행에 관한 것입니다. 또한 체험적 방법의 마음수행에 필요한 이론적 배경을 소개하는 것입니다.

제4장은 '전개체험 부문의 단계'로서 누구든지 쉽게 따라할 수 있는 '아홉 가지 체험'에 대하여 이야기합니다. 체험 없는 지혜는 겉만 번지르한 지식에 불과할 수 있습니다. 지혜가 삶의 방식으로 체화되기 위해서는 꾸준한 자기체험이 필요합니다. 인지적 지혜는 타인으로부터도 얻을 수 있습니다. 그러나 느낌, 감각, 정서를 바탕으로 하는 체험적 지혜는 자기체험을 통하여 얻을 수 있습니다.

제5장은 '결론의 단계'로서 마음수행 방법을 종합적으로 제시한 후 새로운 역할 찾기에 대하여도 이야기합니다. 제2 인생의 행복과 성공을 위한 '필요충분조건'은 무엇일까요? 먼저 '내면의 힘'을 기르고, 이를 바탕으로 내가 '진정으로 원하는 일에 집중하는 것'입니다. 이러한 조건이 충족되었을 때 비로소 새로운 삶으로 당당히 나아갈 수 있게 됩니다.

저자는 '새로운 나'로 환골탈태했습니다. '내면의 힘'을 통하여 맑고 깨끗한 원천에너지를 충전 받고 있습니다. 이를 바탕으로 '원하

는 삶'을 살아내고 있습니다. 일상의 소소한 일들에 대하여도 진정
으로 즐거워하고 감사할 줄 알게 되었습니다. '지금 여기'에 집중
하면서 충만한 행복감을 맛보고 있습니다. '작가이자 강연가'로서의
가슴 뛰는 길 위에서 새로운 제2 인생 이야기를 써 나가고 있습니다.
시련도 즐거움도 기꺼이 두루 맛보면서 힘차게 나아갈 것입니다.
두려움 없이 흔들림 없이! 서두름 없이 멈춤 없이!

   이 책이 제2 인생을 시작하는 분들에게 용기와 희망을 주는 길라
잡이가 될 수 있기를 기대합니다.

   감사합니다!

2017년 여름
저자 **최주섭**

Contents

은퇴전환기
마음길라잡이

Chapter V

'새로운 시작'으로 전환

있는 그대로의 나를 솔직히 인정하는 것,
이것 이상의 든든한 출발이 어디 있으랴!

– 칼릴 지브란

Chapter I

'은퇴전환기'의
위기

[Briefing]

　　제1장은 '서론의 단계'로서 은퇴전환기[퇴직 후 새로운 시작을 준비하는 중간지대]에 마주치는 '심리적 위기현상'에 대하여 이야기합니다.

　　은퇴전환기에는 온갖 변화들이 밀물같이 몰려옵니다. 이것은 누구에게나 주어진 삶의 기본조건 중 하나입니다. 이러한 총체적 변화는 낯설고 커다란 위기임이 분명합니다. 그러나 이는 '내면의 힘'을 기를 수 있는 시기적절한 혼란이기도 합니다.

〜〜〜〜〜〜〜〜〜〜〜〜〜〜〜〜〜〜〜〜〜

　　제1장의 목적은

　　첫째. 심리적 위기 현상의 본질을 '있는 그대로' 수용할 수 있는 지혜를
　　　　기르기 위한 것입니다.
　　둘째. 심리적 위기 현상의 이면에 존재하는 '숨은 가치'를 발견하고 이를
　　　　제2 인생의 연료로 활용하기 위한 것입니다.

준비되지 않은
인생의 오후

총체적 변화

분석심리학의 창시자인 융C. G. Jung, 1875-1961은 중년기약 100년 전에는 40대 초반, 지금은 50대 중반으로서 '은퇴전환기'에 해당됨의 심리적 위기에 대하여 다음과 같은 글로써 경고했습니다.

『중년기의 위기 성숙할 것인가, 침체될 것인가』

전혀 준비되지 않은 채, 우리는 인생의 오후를 맞이한다. '인생에 대하여 내가 믿고 있었던 진리와 이상이 지금까지와 마찬가지로 남은 인생도 잘 이끌어주겠지'라는 부정확한 생각으로 인생의 오후를 맞이한다. 하지만 인생의 아침에 사용했던 그 프로그램으로는 인생의 오후를 살 수 없다. 아침에는 그토록 위대했던 진실이 이제 저녁에는 거짓말이 되어 버렸다.

저자는 만 55세에 직장을 퇴직한 이후로 융의 경고가 가슴에 절절히 와 닿았습니다. 100세 시대를 말하는 때에 이제 겨우 환갑도 안 된 나이로 평생직장에서 물러난다는 것은 그야말로 가슴이 '쿵' 하고 내려앉는 일입니다. 잘나가던 멀쩡한 사람이 하루아침에 퇴물 신세가 되어 뒷방으로 물러난 기분이 들었습니다.

퇴직 후 1년은 머릿속이 뿌연 상태로 마치 안개 속을 뚫고 가는 기분이었습니다. '어떻게 되겠지 뭐.', '평생 일했는데 이젠 좀 쉬어도 되는 것 아니야?', '좀 놀다가 재취업해서 용돈이라도 벌면 되지 뭐.' 이런 막연한 심정으로 엉겁결에 인생의 오후를 출발했습니다.

그런데 날이 갈수록 불안감이 쌓여 갔고, 제2 인생이 그렇게 단순한 것이 아니라는 문제의식을 갖게 되었습니다. 어디서 무엇을 하든 용돈이나 좀 벌면 된다는 식의 단순한 접근방식으로 해결될 수 있는 문제가 아니었습니다. 경제적 조건뿐만 아니라 삶의 방식 전체를 새로운 틀로 바꾸어야 할 필요성을 느꼈습니다.

융은 위기의 원인으로 내면, 외부 환경, 육체의 변화를 제시했습니다. 내면의 변화로는 "환상에서 깨어남Disillusionment, 극복할 수 없는 현실에 대한 실망The Despair of Unconquerable Realities, 과거 마음의 고통The Wounds of the Past, 진정한 자아 찾기에 대한 고통The Search for the True Self"을 들었습니다. 외부 환경의 변화로는 "직업에 대한 환상에서 깨어남Career Disillusionment, 관계에 대한 환상에서 깨어남Relationship Disillusionment, 아이와의 관계 변화Changing Relationship with Children, 부모의 죽음과 나이 듦Aging and Dying Parents, 성별에 따라 요구되는 것들의 변화Changing Gender Needs"를 들었습니다. 육체적 변화로는 "부인할 수 없는 육체적 변화Undeniable Bodily Changes, 갱년기나 성적 장애와 같은 성적 변화Sexual Changes"를 들었습니다.

저자는 융이 제시한 총체적 변화들을 그대로 경험했습니다. 체력은 갑자기 확 떨어지고 부모님과 어르신들은 아프거나 돌아가시고 친구들까지도 병에 걸리거나 죽는 이야기가 들려왔습니다. 이러다가 어느 날 갑자기 나에게도 운명의 손이 뻗칠지도 모르겠다는 두려움까지 들었습니다. 은행 잔고는 줄어들고 사회적 지위와 역할은 사라지고 현직일 때의 인간관계도 대부분 끊어졌습니다. 침체의 변화들이 한꺼번에 파도처럼 밀려오면서 제2 인생은 예상했던 것보다 훨씬 더 낯설고 힘들게 시작되었습니다. "퇴직하고 1년 이상은 지나봐야 그 심정을 제대로 알 수 있다."라고 했던 선배들의 말을 뒤늦게 절실히 공감했습니다.

우리는 제2 인생을 말할 때 돈벌이를 위한 새로운 역할 찾기에만 치중하는 경우가 많습니다. 물론 이것은 현실적으로 중요한 문제입니다. 그러나 제2 인생에서는 '생계 꾸리기'와 '삶을 살기'가 반대 방향으로 진행될 가능성이 높아진다는 점을 알아야만 합니다. 이

두 개의 바퀴가 서로 다른 방향으로 굴러가거나 한쪽 바퀴만 굴러갈 때 불행은 점점 커지게 됩니다. 따라서 이들이 같은 방향으로 균형감 있게 굴러갈 수 있도록 삶의 방식을 새로운 관점에서 바라볼 수 있어야 합니다.

제2 인생을 시작한다는 것은 '일반적 변화'와는 차원이 다른 '대전환'입니다. 변화는 언제라도 일어날 수 있지만, 대전환은 인생의 한 막이 끝나고 아예 다른 막이 올라가는 것입니다. '대전환'은 과거의 생활방식을 놓아 버리는 것으로부터 시작됩니다. 지나간 삶의 소중함을 부정하라는 것이 아닙니다. 단지 그 생활방식을 놓아 버려야 한다는 것입니다. 옛날이야기는 이미 끝났습니다. 그것을 지속시키고 리모델링하고도 싶겠지만, 그냥 미련 없이 놓아버려야 할 때입니다. 새로운 삶에는 이전의 생활방식이 더 이상 통하지 않기 때문입니다.

융은 이 시기를 "자기에 대한 가장 큰 소외를 경험하는 총체적 위기"라고 경고했습니다. 아울러 "내면의 진정한 자기를 만나고 전체성wholeness을 실현하는 과정"이라고도 평가했습니다. 인생의 오후를 충만하게 살기 위해서는 '내면의 힘'을 반드시 길러야 합니다. 퇴직 후에 밀물처럼 몰려오는 변화와 위기는 '내면의 힘'을 기를 수 있는 '시기적절한 혼란'입니다. 저자의 경험으로 볼 때 제2 인생의 전환은 총체적 변화 및 위기의 출현 → 저항과 혼란의 체험 → '내면의 힘' 기르기 → 새로운 삶으로 나아가기의 과정을 거치게 됩니다.

변화의 역동성

저자가 퇴직을 전후한 시점에 지인들과 나누었던 대화의 내용은 대강 이런 식이었습니다.

지인들 "퇴직하면 뭐할 거야?"

저자 "자격증 따 놓은 것도 있고, 선배랑 친구들이 함께하자는 일도 있고, 고향에도 왔다 갔다 해야 하고…. 이것저것 소일거리 삼아서 지내면 되겠지 뭐…."

주눅 들기 싫은 마음에 짐짓 태연하게 대답했던 것 같습니다. 한편으로는 남들보다 퇴직 준비를 잘한 편이라는 어느 정도의 자신감도 깔려 있었습니다. 자격증도 여러 개 따 놓았고 의지할 만한 지인들도 있었기 때문입니다. 그리고 언젠가는 귀촌을 한다는 생각으로 약간의 준비도 해 놓은 상태였습니다.

저자의 이러한 퇴직준비는 결과적으로 얼마나 실효성이 있었을까요? 자격증들은 모두 무용지물이 되었고 지인들과의 동행은 시도조차 못 했습니다. 귀촌 생활도 관심권에서 점점 멀어지고 있습니다. 이와 같이 퇴직준비에 대한 기대는 완전히 빗나갔고 후회만이 남았습니다. 왜 이런 현상이 생긴 걸까요? 많은 퇴직자들이 저

자와 비슷한 경험을 하는데 그 이유는 무엇일까요? '변화의 역동성'
이라는 관점에서 그 근본 원인을 찾을 수 있습니다.

　우리는 '변화의 역동성'에 대하여 상상 이상으로 무관심하고 무지
합니다. 하버드대학교 심리학과 교수이며 긍정심리학자인 댄 길버
트Dan Gilbert의 연구내용을 소개합니다. 그의 연구는 '사람들이 평소
에 변화에 대해서 어떻게 예상을 하고 있는지', '그러한 예상과 실
제의 결과는 과연 얼마만큼의 차이가 나는지'에 대한 것입니다. 아
래 그림은 시간의 흐름에 따라 개인의 가치관이 얼마나 변하는지
를 나타낸 것입니다. 가치관 이외의 다른 요소들생활여건, 방식 등도 모
두 동일한 패턴을 보였습니다. 아래의 선은 10년 후에 얼마나 변화
될지를 현재의 시점에서 예상한 것입니다. 위의 선은 10년 후에 실

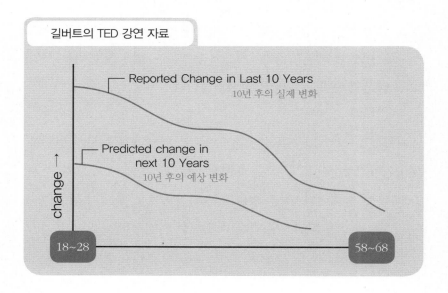

길버트의 TED 강연 자료

Reported Change in Last 10 Years
10년 후의 실제 변화

Predicted change in
next 10 Years
10년 후의 예상 변화

change →

18~28

58~68

제로 변화된 정도를 나타낸 것입니다. 변화에 대한 예상과 결과의 차이가 매우 크다는 사실을 한눈에 확인할 수 있습니다. 결론적으로 우리는 "시간의 강력한 힘은 과소평가하고 자신의 지속성은 과대평가하며 환상 속에서 살아가고 있다."라는 것입니다.

　저자의 자격증들이 쓸모없게 된 이유는 삶의 가치관 등이 크게 변했기 때문입니다. 지인들과 동행하지 못한 이유도 그들이 배반했기 때문이 아니라 예상치 못한 변화들 때문입니다. 생활방식, 환경, 가치관 등 다양한 조건들이 퇴직 전후로 예상보다 훨씬 크게 변했습니다. 이러한 '변화의 역동성'으로 인하여 퇴직 준비가 허망한 물거품이 된 것입니다. 이것은 저자만의 특별한 경험이 아니라 많은 퇴직자들의 보편적 현상입니다. 퇴직을 준비하는 과정에서 '변화의 역동성'을 충분히 고려하지 못하면 나중에 후회할 것입니다.

　삼성경제연구소에 따르면 우리나라 주요기업의 평균 정년퇴직 연령은 57세입니다. 취업포탈 잡코리아가 741명을 설문조사한 결과에 따르면 실제로 현장에서 느끼는 체감 정년퇴직 연령은 48.2세입니다. 한편 2015년 한국행정연구원 사회통합실태조사에 따르면 응답자의 25.9%만이 노후준비가 되어 있다고 응답했습니다.

　우리나라 직장인들은 거의 준비되지 않은 상태로 인생의 오후를 맞이합니다. 체감 퇴직연령을 감안하면 40대 말~50대 초에 직장에서 갑자기 떠밀려 제2 인생을 시작할 가능성이 높습니다. 노후 준비가 되어 있다고 응답한 25.9%의 준비된 소수도 안전하지 않습니다. 막상 퇴직을 하면 '변화의 역동성'으로 인하여 허망한 물거품으로 바뀔 가능성이 높기 때문입니다.

준비되지 않은 인생의 오후! 이것은 직장인 대부분이 마주치는 보편적 현상입니다. 퇴직 준비가 잘 되어 있다고 자랑할 필요는 없습니다. 그렇게 자랑하는 사람들을 부러워할 필요도 없습니다. '변화의 역동성'을 감안하지 못한 퇴직준비는 제2 인생에 도움을 주기는커녕 오히려 걸림돌로 작용할저자의 경우처럼 가능성이 높습니다.

퇴직준비가 덜 되어 있다고 해서 너무 두려워하거나 조급할 필요는 없습니다. 두려움과 조급함은 더 큰 위기를 가중시키며 돌이킬 수 없는 실수를 초래합니다. 제2 인생의 시작은 삶의 일대 전환기로서 견딤과 기다림의 공백이 필요한 때입니다. 이 공백의 시간을 통하여 삶의 가치관과 방식, 생활 여건 등에 대한 변화들을 제대로 읽을 수 있습니다. 또한 이 과정을 거치면서 내가 진정으로 원하는 '관심분야'를 원점에서 재발견할 수 있게 됩니다.

제2 인생의 시작에 따른 역동적 변화는 누구에게나 있는 공통적 현상입니다. 그것은 우리가 적응해야 할 삶의 조건입니다. 적응한다는 것은 모든 변화 현상을 제대로 이해하고 이에 알맞는 새로운 역할을 재발견한다는 의미입니다. 저자도 전환기의 공백3년을 통하여 제2 인생의 방향을 원점에서부터 완전히 재설계하는 멋진 체험을 했습니다.

놓아버림

저자는 매일 '3분 명상'으로 하루를 열고 닫습니다. 넓게 펼쳐진 '텅 빈 창공'과 놀이터 뒤쪽으로 줄지어 서 있는 나무들을 바라보면서 진리에 마음 굽히는 명상을 합니다. 하루가 다르게 변해 가는 나무들의 모습을 바라보면서 '체로금풍'의 교훈도 되새깁니다.

> 제자가 스승에게 물었습니다.
> "나무가 마르고 잎이 다 떨어졌을 때는 어떻습니까?"
> 스승운문선사이 대답했습니다.
> "체로금풍體露金風"

체로體露는 '본체를 그대로 드러냄'이고 금풍金風은 서쪽에서 불어오는 가을바람입니다. '체로금풍'은 가을바람에 잎들이 완전히 떨어져서 나무의 본래 모습이 적나라하게 드러난 발가벗은 나목裸木의 상태를 말합니다. 나무들은 봄에는 새잎으로 단장하고 여름에는 한껏 욕망을 키우며 새들을 불러 모으다가 가을이 되면 모든 잎을 놓아 버린 후에 나목의 모습으로 다시 돌아갑니다.

우리들의 삶의 모습도 '체로금풍'의 모습과 같습니다. 어떤 조직정부, 학교, 군대, 회사 등에 오랫동안 몸담고 있으면서 한껏 욕망을 키우

▲ 2017년 3월
'체로금풍(體露金風)'의 모습

▲ 2017년 4월
나목(裸木)의 새로운 출발

다가 언젠가 때가 되면 그 익숙하고 편리한 역할과 지위를 낙엽처럼 놓아 버려야 합니다. 그리고 낯선 변화들에 또 다시 적응하면서 새로운 현재를 끊임없이 살아내야 하는 것입니다.

나목은 겨울에 찬바람을 받고 외로움을 견디며 새로운 나이테를 만듭니다. '내면의 힘'을 기르는 고된 수행을 거친 후에 더 튼튼한 모습으로 새봄을 맞이합니다. 나무가 잎을 놓아 버리지 않았다면 겨울의 줄기와 가지들은 빛을 충분히 받지 못했을 것입니다. 열매를 놓아 버리지 않았다면 내일을 기약하지 못했을 것입니다. 나목裸木의 적나라赤裸裸한 쓸쓸함! 그 이면에는 모든 것을 놓아 버리고 새로운 출발을 준비하는 '발가벗은 힘'이 있습니다.

마침내 나뭇잎 모두 떨어지면
보라! 줄기와 가지로 나목 되어 선
저 발가벗은 '힘'을

— Alfred Tennyson의 '참나무'

오후의 인생은 나목의 모습으로 출발합니다. 이 쓸쓸함을 '자연스런 삶'의 과정으로서 흔쾌히 수용할 수 있다면 마음이 편안해집니다. '자연스런 삶'이란 스스로自 그렇게然 어쩔 수 없이 굴러가는 삶을 말합니다. '수용'이란 변화를 있는 그대로 받아들이면서 그 이면에 존재하는 긍정적 측면을 찾아 새로운 기쁨과 활력을 되찾는 것입니다.

삶은 '얻음과 잃음', '좋고 나쁨'으로 끊임없이 출렁거리는 변화의 파도 위에서 항해하는 것과 같습니다. 파도의 출렁거림은 우리를 살아 있게 하고 새로운 삶으로 나아가게 하는 에너지입니다. 그 출렁거림은 끊임없이 샘솟는 '지금 여기'의 현재이며 우리가 껴안아야 할 삶의 모습입니다. 고은 시인은 삶의 이 힘겨운 항해를 다음과 같은 시로써 위로했습니다.

노를 젓다가, 노를 놓쳐 버렸다.
비로소,
넓은 물을 돌아다 보았다.

'나이 듦'이 데리고 오는 낯선 변화들을 '있는 그대로' 수용해 보세요. 익숙한 삶의 방식을 계속 붙들고 있으려는 발버둥을 멈추어 보세요. 오래된 생활방식과 정체성으로 단단하게 무장된 자신의 모습을 과감히 해체시켜 보세요. 오래된 것으로부터 분리되지 않으면 새로운 것으로 나아갈 수 없습니다. 제2 인생은 오래된 것과 새로운 것의 중간지대에서 혼란스럽게 방황하면서 시작됩니다. 사춘기를 통과해야만 어른이 되듯이 이 어정쩡한 황무지를 통과해야만 비로소 새로운 삶으로 전환될 수 있습니다.
'무작정의 놓아버림'은 집착과 상실의 고통을 가져올 수 있습니다.

그러나 '진정한 받아들임으로서의 놓아버림'은 전환기 삶이 우리에게 주는 선물이기도 합니다. 이 진리를 머리로 받아들이고 가슴으로 실천할 수 있을 때 비로소 '넓은 물'을 만날 수 있습니다. 그것은 '지금 여기'에 늘 존재하고 있는 우리 삶의 본성입니다. '진정한 받아들임으로서의 놓아버림'과 평상심의 마음근육을 기르면 '삶의 본성'과 '진정한 행복'이라는 든든한 바탕에 닻을 내릴 수 있게 됩니다.

02

낯섦과 상실감의 깊은 충격

작동원리의 변화

직장에서 물러난 후 약 1년 동안은 고은 시인의 「순간의 꽃」에 나오는 '쪼개어진 장작'의 모습이 자주 연상되었습니다.

방금 도끼에 쪼개어진 장작
속살에
싸락눈 뿌린다.

서로 낯설다

늘 한 몸인 줄 알았던 나무가 어느 날 갑자기 두 토막으로 쪼개져서 속살이 처음으로 바깥세상을 구경합니다. 오랫동안 있었던 그 '익숙하고 편리한 세상'이 아닌 전혀 다른 세상과 갑자기 마주치게 된 것입니다. 제2 인생을 시작하면서 가장 불편했던 감정은 '낯섦'과 '상실감'이었습니다. 은퇴 전환기의 첫걸음이 이토록 낯설게 느껴졌던 이유는 무엇일까요? 인생그래프를 통하여 그 근본 원인을 찾아보았습니다.

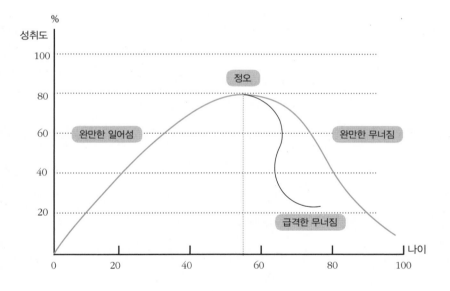

위 그림은 저자의 '인생그래프'입니다여러분도 각자의 인생그래프를 그려 보세요. X축은 '나이'를 나타내며 100세까지 표시했습니다. Y축은 삶의 성취도를 백분율로 나타냈습니다. 퇴직 시점인 만 55세를 인생의 정오로 표시했고, 이때부터 제2 인생이 시작됩니다. 정오를 분기점으로 왼쪽은 오전 인생, 오른쪽은 오후 인생입니다. 인생의 오전과 오후는 정오를 분기점으로 서로 다른 방향으로 움직입니다.

오전 인생은 돈, 명예, 지위, 관계 등의 외적조건을 채우면서 '우상향으로 일어서는 삶'이었습니다. 오후 인생은 그것들을 비우면서 '우하향으로 내려가는 삶'이 될 것입니다. 오전 인생이 '채움과 일어섬'의 원리로 작동되었다면, 오후 인생은 '비움과 무너짐'의 원리로 작동됩니다. 오후 인생은 결국 두 개의 길 중에 하나로 수렴될 것입니다. 하나는 '완만한 무너짐으로 연착륙하는 길'이고, 다른 하나는 '급격한 무너짐으로 경착륙하는 길'입니다.

오후 인생의 출발점에서는 '새로운 삶이 시작되었다는 느낌'보다는 '이제까지의 삶이 끝났다는 느낌'이 훨씬 더 강하게 듭니다. 지금까지의 익숙한 삶을 놓아 버리는 것에 대한 집착과 상실감이 크기 때문입니다. 마음은 삶의 방식을 바꾸는 것에 대하여 저항하고 괴로워합니다. 따라서 놓아버림과 새로운 시작의 두 영역에 양다리를 걸치고 갈팡질팡하게 됩니다. 이러한 전환기의 심리적 고통은 새로운 삶의 질서에 생명력을 불어넣기 위한 필수과정입니다.

완만한 무너짐으로 연착륙하기 위한 제1의 조건은 건강입니다.

나이가 들면 누구나 건강이 제일 중요하다고 말합니다. 그런데 '마음 건강'에 대해 말하는 사람은 거의 없습니다. '신체 건강'을 위해서는 노력하지만 '마음 건강'에 대해서는 중요성을 인정하면서도 놀라울 정도로 무지합니다. 신체는 변화에 물리적 한계가 있지만 마음은 변화의 가능성이 무한합니다. '마음 건강'은 행복의 필수조건이며 '신체 건강'과도 한 덩어리로 연결되어 있습니다.

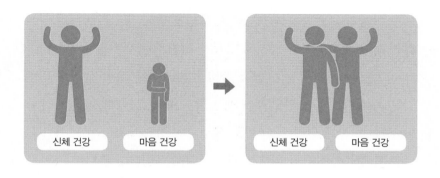

오후 인생에서는 건강에 대한 고정관념부터 바꾸어야 합니다. 지금까지는 '신체 건강'에만 집중하면서 살아왔습니다. 젊었으니까 오전 인생에서는 그래도 사실상 큰 문제가 없었습니다. 제2 인생은 오전과는 전혀 다른 패러다임으로 작동됩니다. 따라서 '마음 건강'의 비중을 신체건강과 동일한 수준으로 상향 조정하는 일이 우선적으로 필요합니다.

고독력孤獨力

건강보험심사평가원 자료에 따르면 50대 남성 우울증 환자가 19%나 증가하여 연령대별로 가장 높은 증가세를 보였습니다. 이는 최근 5년2009-2013의 건강보험 및 의료급여 심사 자료를 이용하여 우울증F32: 우울병 에피소드, F33: 재발성 우울병장애에 대해 분석한 결과입니다.

"직장에서 일정한 역할을 해오다가 퇴직이라는 사건에 의해 처음으로 역할의 불연속성을 경험하면 본인뿐만 아니라 가족에게도 심각한 정신적 혼란이나 정서적 고통을 야기하는 위기가 올 수 있다. 그리고 갑작스런 역할 상실에 따라 보람과 자부심이 물거품이 된 것 같은 허망감을 느끼고 부모의 질병과 죽음, 갱년기 등 신체적 약화, 사회적 관계 단절 등의 변화 요인들이 동시에 발생하면서 고독감이 확장되고 심각한 위축을 경험할 수 있다."라고 합니다.

통계청이 발표한 「사회동향 보고서」에 따르면 2014년 기준으로 우리나라 1인 가구는 전체의 25.3%로 '나 홀로 가구'가 넷에 하나를 넘었습니다. 2035년에는 42.3%에 이를 것이라는 예측도 있습니다. 따라서 현재의 베이비붐세대가 노년기로 진입하는 시점에서는 전체 가구의 절반이 '나 홀로 가구'로 살게 될 것이라고 합니다.

나이 들면서 힘든 감정의 하나는 '고독'입니다. 제2 인생에서 '고독을 어떻게 대할 것인가?'의 문제는 중요합니다. 이시형 박사는

"고독감孤獨感, Loneliness을 고독력孤獨力, Solitude으로 승화시키는 삶을 살라."라고 조언합니다. 서울대 교수인 황동규 시인은 「버클리풍의 사랑 노래」란 시집에서 '홀로움'에 대하여 말했습니다.

"고독감은 매우 쓸쓸하고 외로운 감정이며 고독력은 홀로 있으려는 또는 홀로 있을 수 있는 힘과 의지"를 말합니다. '홀로움'은 '홀로'와 '즐거움'의 합성어로 '혼자 있음의 환희'라고 합니다. '고독력'과 '홀로움'은 홀로 있는 시간을 창조적으로 활용하는 것의 중요성을 강조한다는 점에서 공통점이 있습니다.

운동선수들이 '고독력'의 좋은 본보기입니다. 2014년 동계올림픽에서 김연아, 이상화, 심석희, 박승희, 컬링 대표팀 등 국가대표 선수들이 벅찬 감동을 안겨 줄 수 있었던 이유는 고독했던 수많은 시간을 창조적으로 활용했기 때문입니다. 김수환 추기경은 고독의 숨은 가치에 대하여 다음과 같이 말했습니다.

자기 삶을 돌이켜 보고,
자신의 존재 자체를 깊이 보게 되는 기회가 바로 고독이다.
따라서 고독이란 참으로 소중한 것일 수 있다.

라이너 마리아 릴케도 젊은 시인 카푸스에게 보낸 격려 편지에서 인간의 고독에 대하여 다음과 같이 반복적으로 찬미했습니다.

근본적으로 특히 가장 심오하고 중요한 세상일에 대해서 우리는 이루 말할 수 없을 정도로 고립된 존재이다. 어려운 점에 대해서 그리고 다른 사람들 사이에서 느껴지는 고독에 대해서 더욱 더 많은 신뢰감을 가져야 한다. 삶이 제 길을 가도록 그냥 맡겨 두어야 한다. 고독은 당신이 체험하고 행하는 모든 것과 함께 찾아오면서 익명의 영향력을 계속 행사하며 조용히 결정적으로 작용할 것이다.

나 혼자만 고독한 것은 아닙니다. 고독은 누구에게나 있는 자연스런 심리현상입니다. 고독을 억지로 없애려 할 필요는 없으며 그것에 지나치게 빠져드는 것을 멈추기만 하면 됩니다. 그것은 태양과 나무와 별과 어둠처럼, 나와 연결되어 펼쳐지고 있는 온갖 현상 중의 하나일 뿐입니다. 고독은 제2 인생을 위한 창조적 에너지원이 될 수 있습니다. 또한 '내면의 힘'을 기르는 강력한 촉매로써 활용될 수 있습니다.

오전인생에서 멋진 '영웅의 삶'을 살았을수록 오후인생에서는 상대적으로 큰 고독감을 느낄 수 있습니다. 그러나 "퇴직함으로써 제1 인생을 원만하게 마쳤다는 것은 영웅으로서의 삶의 여행을 끝내고, 또 다시 새로운 영혼이 탄생하는 제2 인생을 살아갈 준비를 하는 전환의 경험을 하고 있다."라는 의미입니다.

인간관계

　‘하버드대학교 성인발달연구’는 역사상 최장 기간1938년부터 계속에 걸친 인생 연구로 유명한데, 세대를 이어가며 724명의 인생을 추적했습니다. 그중에는 빈민가에서 대통령이나 박사로 성장한 사람도 있습니다. 그와 정반대의 경로를 보인 사람들도 있습니다. 이 연구에서 수집된 방대한 양의 데이터를 분석한 결과에 따르면, 인간의 건강과 행복을 위하여 가장 중요한 핵심요소는 ‘바람직하고 친밀한 인간관계’였다고 합니다.

　제2 인생에서 인간관계는 어떤 모습으로 변할까요? 아래의 그림은 ‘다음소프트’에서 직장인의 인간관계에 대한 5만 건의 빅데이터 2016.7.10-8.10를 분석한 것입니다. 직장인들의 인간관계는 일반적으로 어떤 모습일까요? ‘바람직하고 친밀한 관계’라기보다는 무섭고 허전하고 힘들고 스트레스를 받는 부정적 관계로 나타나 있습니다.

퇴직과 동시에 제2 인생으로 전환되면서 부정적 인간관계가 자동으로 정리되어 편안한 느낌도 들었습니다. 그런데 한편으로는 인간관계가 질적·양적으로 급강하하면서 예상을 훨씬 뛰어넘는 상실감, 배반감을 느낀 경우도 자주 있었습니다.

직장을 통한 인간관계는 퇴직과 동시에 거의 끊어진다는 말을 많이 듣습니다. 저자의 경우도 마찬가지였습니다. 입력된 前직장 관련 전화번호가 1000개는 넘는데, 퇴직 후 1년이 지나니까 가끔씩이라도 교류하는 사람이 다섯 명 이내로 급변했습니다.

은퇴전환기에는 인간관계의 양과 질이 급변하는 현상을 체험합니다. 가족 관계에서도 예외가 아니라고 합니다 정도의 차이는 있겠지만. 아래의 표는 한국고용정보원이 퇴직자의 삶의 만족도 변화를 8년간 다섯 차례에 걸쳐서 조사 2016.9.18한 내용입니다. 표에서 눈길을 끄는 항목은 가족 관계 만족도가 다른 항목보다 상대적으로 크게 하락한다는 점입니다.

	1차	2차	3차	4차	5차
건강	57.7	54.7	52.5	54.1	51.2
경제	54.6	54.4	52.6	51.8	50.9
배우자 관계	74.3	67.0	70.3	65.0	65.8
자녀관계	75.4	63.7	74.0	67.0	62.5
전반적 삶의 질	65.5	60.3	58.2	58.6	57.7

오후 인생에서는 인간관계가 야속할 정도로 바뀝니다. '섭섭하다', '그 친구가 나한테 이럴 줄 몰랐다', '어디 한번 잘되나 두고 보자', 이런 식의 옹졸한 감정을 말끔히 지워 버릴 수 있어야 합니다. 옹졸한 감정에 빠져 있으면 자신에게 부정적 화살로 되돌아올 뿐입니다. 지나온 날들을 객관적으로 돌이켜 보면, 나 자신도 선배들에게 그와 같이 처신했던 경우가 많았습니다. 그러니까 세상인심이 야박하다고 남의 탓만 할 문제는 아닙니다. 이것도 '나이 듦'에 따르는 자연스런 변화현상의 하나일 뿐입니다. 멀어지는 인간관계를 속상해하지 않고 있는 그대로 여여부동하게 받아들일 수 있어야 합니다.

저자는 퇴직 후 인터넷 카페http://cafe.daum.net/After50, 은퇴전환기마음연구소를 개설하여 On & Off로 열심히 활동하고 있습니다. 자신의 관심분야에 대하여 카페를 개설하고 그 분야의 지식과 정보를 매일 업데이트해 보세요. 이렇게 구축된 지식과 정보를 많은 사람들과 나누는 색다른 즐거움에 도전해 보세요. 이와 같은 새로운 활동을 통하여 인간관계가 넓어지고 충만해질 수 있습니다.

당신은 당신의 고독을 사랑하며 당신에게 찾아오는 고통에 대해 아름답게 들리는 불만으로 대신하며 참고 견디세요. 당신과 가깝던 사람들이 멀어져 간다는 것은 당신의 주위가 넓어지기 시작했다는 뜻입니다.
　　－ 라이너 마리아 릴케가 젊은 시인 카푸스에게 보낸 편지 중에서

03

훈련되지 않은
마음의 날뜀

견딤과 기다림

사회학자들에 따르면 고도 성장기에는 절대다수의 희망계층과 극소수의 낙망계층으로 나뉜다고 합니다. 그리고 성장지체기에는 경제, 문화, 인맥, 자본을 독식한 극소수의 야망계층과 절대다수의 절망계층으로 나뉜다고 합니다. 지인 중에 잘 나가는 S그룹의 임원이 있었습니다. 그가 "곧 퇴직을 하면 절망계층이 될 것"이라고 심각하게 고민하는 말을 들으면서, 저자는 어리둥절했던 적이 있었습니다.

갑작스런 퇴직은 대부분의 직장인에게 야망과 절망의 영역을 가를 정도로 충격적 사건입니다. 저자는 젊은 시절 한 번의 입사시험을 통과한 인연으로 '자동으로 살아지는 삶'의 권리를 오랫동안 누렸습니다. 이제부터는 퇴직과 더불어 낯선 방식의 삶을 살아야 합니다. 자동으로 '살아지는 삶'이 아니라 창조적으로 '살아내는 삶'을 살아야 합니다. 팍팍한 현실을 헤치고 오후 인생의 새로운 이야기를 써 나가야 합니다.

베이비붐 세대 앞에는 팍팍한 현실이 가로 놓여 있습니다. 경제 관련 양대 국제기구인 IMF와 OECD는 한국 경제에 대하여 과도한 가계부채, 높은 청년 실업률, OECD 최하위 수준의 노동생산성, 경제구조 전환 지연을 경고하고 있습니다. 인구 사회학적으로도 빠른 고령화와 낮은 출생률은 경제성장의 동력을 떨어뜨릴 수 있다는 것이 전문가들의 예상입니다.

베이비붐 세대는 낀 세대로서 부모의 봉양과 자녀의 독립 비용을 동시에 떠안아야 하는 이중고도 겪고 있습니다. 우리나라는 이러한 경제·사회적 여건에도 불구하고 퇴직 쓰나미가 몰려오고 있습니다. 향후 약 10년 이내에 총인구의 약 3분의 1이 은퇴전환기에 들어섭니다. 제1차 베이비붐 세대의 퇴직이 사실상 완료되면서 자영업도 그 틈새가 없을 정도로 이미 포화 상태에 이르렀다고 합니다.

제1차 베이비붐 세대 1955-1963년생 710만 명, 총인구의 14.3%

제2차 베이비붐 세대 1968-1974년생 604만 명, 총인구의 12.1%

제3차 에코베이비붐 세대 1979-1985년생 540만 명, 총인구의 10.8%

정부는 베이비붐 세대를 지원할 여력이 부족합니다. 청년실업, 취약계층의 복지 등 더 시급하고 중요한 사회문제들이 있기 때문입니다. 이와 같이 베이비붐 세대는 경제·사회·제도적으로 힘겨운 삼각파도를 맞으면서 새로운 삶을 살아내야 합니다. 팍팍한 현실 앞에 내던져진 채 각자도생各自圖生의 길을 걸어가야 합니다.

힘든 때일수록 서두르지 않는 지혜가 꼭 필요합니다. "바쁠수록 돌아가라."라는 격언도 있습니다. 제2 인생은 대전환의 출발점으로서 견딤과 기다림의 공백이 필요한 때입니다. 조급하고 불안한 마음은 또 다른 불행과 실패를 불러오며 인생의 오후를 경착륙시킬 수도 있습니다.

날뛰는 마음

한국고용정보원 생애진로개발센터의 조사에 의하면 "준비 없이 퇴직한 직장인들의 심리상태는 거의 일정한 패턴을 보인다."라고 합니다. 퇴직 후 처음 3개월은 낙관하다가 6개월이 지나면 의기소침해진다고 합니다. 9개월이 지나면 초조·불안해지기 시작해서 1년이 지나면 거의 예외 없이 지속적 분노를 경험한다고 합니다.

분노의 대상은 자기 자신일 수도 있고 가족이나 다른 사람일 수도 있습니다. 또한 사람이 아닌 특정한 현상이나 사건일 수도 있습니다.

준비 없이 퇴직한 직장인들의 심리적 상태

1단계. 낙관	2단계. 의기소침	3단계. 초초와 불안	4단계. 분노
• 경력에 대한 자부심과 막연한 자신감	• 구직활동 나서지만 좌절	• 재취업 희망 감소로 불안 초조	• 옛 직장에 대한 배신감과 같은 구체적 대상 또는 현 사회와 같은 막연한 대상에 대한 분노
• 직장생활에 못했던 것 실행(여행 등)	• 반복적인 구직 실패와 자신감 상실	• 가족에 대한 부양 책임, 자신의 존재 자체에 대한 불안으로 표현	• 분노 감정은 퇴직 사유와 무관
• 1-3개월 유지, 3개월 지나면서 가족과 어색한 관계, 무기력감 생성	• 대기업, 공기업 출신이 두드러져	• 좌절감 불안감이 분노로 표출	• 개인의 지울 수 없는 외상화

저자도 퇴직 이후에 이와 비슷한 심리 현상을 체험한 바 있습니다. 따라서 위의 분석결과에 대하여 공감하고 있습니다.

은퇴전환기의 심리변화 경험을 좀 더 구체적으로 살펴보겠습니다. 다음의 표는 퇴직 후 1년 내지 3년이 지난 은퇴전환기 남성 5명의 심리변화경험을 분석한 내용입니다. 이는 저자가 약 6개월에 걸쳐 수시로 상담녹음, 관찰기록, 척도scale 및 반구조화semi-structured 질문을 실시하고 이를 분석한 내용입니다. 조사 참여자들에게서 공통적100% 또는 보편적60% 이상으로 나타난 심리변화경험을 요약한 내용입니다.

	마음의 날뜀 현상
불안	– 속이 울렁거림, 불규칙한 수면, 몸이 뻣뻣함 – 성 기능 저하, 편두통, 온몸이 나른함, 체력 저하 – 갑자기 버려진 느낌 소외감 – 역할 없음에 따른 좌절감, 위축감, 상실감 – 미래에 대한 무망감, 초조감, 회의감 – 하루 종일 멍하고 지루한 느낌 – 울적한 기분이 자주 생김 – 감정조절이 잘 되지 않을 때가 자주 있음 – 걱정과 두려움이 짙게 깔려있음 늙어감과 돈 문제
동요	– 색다른 의지처점집 등를 찾음 – 이대로 주저앉을 것만 같은 막연한 느낌 – 악몽을 자주 꿈, 낙관과 비관을 자주 오감 – 모든 것에 의심이 생김, 혼자 술 마시는 습관이 생김 – 하루가 지루하고 답답한 느낌 – 어디론가 멀리 떠나고 싶음, 머릿속이 텅 비어있음 – 실수, 실패가 반복될까 봐 불안하고 두려움
분노	– 가슴통증, 불면, 체온의 불규칙적 변화 – 과거의 늪에 빠져서 잠을 제대로 이루지 못함 – 타인, 前 직장, 사회에 대한 적개심비난, 폭언 – 보복, 저주하고 싶은 대상이 자꾸만 생각남 – 분노조절이 힘들고 괜한 짜증이 일어남 – 억울한 일을 생각하면 가슴이 울렁거림 – 극단적 상상을 한 적이 있음 – 주변에 좋은 사람이 없다는 생각 – 가족에게서 무시당하는 느낌 – 과거의 특정 사건이 자꾸 떠오름 – 억울하다는 생각이 자꾸 떠오름 – 작은 일에도 화가 쉽게 남 소심해짐

공통적으로 경험한 불안·동요의 신체현상으로는 불규칙한 수면, 울렁거림, 성 기능 저하에 대한 불안감, 악몽을 자주 꿈, 온몸이 나른하고 뻣뻣해짐 등이 나타났습니다. 느낌과 생각에 대한 현상으로는 상실감, 좌절감, 위축감, 무망감, 초조감, 회의감, 우울하고 감정 조절이 잘 되지 않음, 상시적 불안감과 두려움 등이 있었습니다. 또한, 갑자기 어디로 멀리 떠나 버리는 것, 점집과 같은 색다른 의지처를 찾거나 습관적 '혼술_{나 홀로 음주}'도 대부분의 사람이 경험했습니다.

가장 보편적으로 경험한 현상은 '분노'의 감정이었습니다. 이는 혐오감, 괴로움, 무시당하고 있는 기분, 열등감이나 우월감, 보복, 저주, 극단적 상상, 비난, 폭언, 짜증 폭발, 속임수 쓰기, 회피하기, 안절부절못하며 잘 결정하지 못하는 것 등의 현상으로 나타났습니다.

 K, 62세, 前 중소기업 간부

> 안갯길을 가는 것 같아요. 머릿속이 뿌옇고 하루 종일 멍해요. 기스가 난 안경알처럼……. 요새 눈까지 흐릿하니 잘 안 보여요. 늙는다는 증거겠죠. 이러다가 갑자기 병원 신세라도 지면 어쩌나 잠이 안 와요.

L, 60세, 前 대기업 임원

백수로 몇 년 지내니까 체력도 떨어지고 힘이 없네요 웃음. 산에 자주 다녔는데 귀찮아져요. 백수 티 나고…. 삼식이 노릇도 눈치 보이는데….

 J, 58세, 前 공무원

요즘 피곤해서 늘어지고 그래요. 친구 일 좀 도와주다가 그만두고 지금은 어떤 공부모임에 나가요. 돈 생각만 하면 불안하죠. 이대로 계속 흘러가는 건 아닌지 막막한 느낌이 들어요.

 S, 63세, 前 건설회사 팀장

재취업은 했는데…. 돈도 적고 힘들어서 당장 때려치우고 싶지만 목구멍이 포도청이라…. 감옥살이가 따로 없네요. 진짜 더러운 꼴 당하고 나면 별생각이 다 들어요. 잠도 안 오고 혼자 술 먹는 날이 점점 늘어요.

P, 62세, 前 중학교 교사

가족과 떨어져서 혼자 사니까 잠이 안 와요. 누워 있으면 별의별 생각이 다 드는 거예요. 뒤척이다가 잠드는 날은 대개 악몽까지 꾸더군요.

K, 62세, 前 중소기업 간부

쫓기듯 떠밀려 나온게 분통 터지죠. 토사구팽⋯⋯ 어린놈들이 영악스럽데요. 부모님이 누워 계셔서 병원 가고 시중드는 일 거의 도맡아요. 동생들은 바쁘다고 모르쇠하고, 오랜만에 집에 오면 마누라는 짜증내고⋯.

L, 60세, 前 대기업 임원

사소한 집안일 때문에 열 받을 때가 많아요. 회사를 안 다니니까 일부러 얕잡아보나 하는 심정이 들 때 확 오르더라고요.

S, 63세, 前 건설회사 팀장

> 처남이 좋은 투자 있다고 꼬드겨서 믿고 들어갔다가 몇천 사기 당하고 겨우 빠졌어요. 처남도 피해자죠. 그 일 있고 나서 집사람이 미안해하는데 돈이 더 급해졌어요. 하여튼 세상에 믿을 놈 하나도 없는 거 같아요. 다들 조심하세요.

명대1368-1661 중기의 대표적 철학자 왕양명王陽明은 마음을 원숭이에 비유했습니다. 원숭이는 나뭇등걸에 발등을 부딪치면 화가 나서 펄펄 뛰며 나무를 걷어찬다고 합니다. 원숭이처럼 날뛰는 마음을 제대로 관리하지 못하면 더 큰 화를 불러옵니다. "훈련되지 않은 마음처럼 해로운 것이 없고, 맑고 고요한 마음처럼 이로운 것이 없다."라고 합니다.

내가 모르는 나

25년간 다양한 종교를 탐험하며 영적 깨달음을 얻었다는 캘리포니아 대학의 철학, 정신의학, 인류학 교수인 로저 월시Roser Walsh는 자신의 저서 『일곱 가지 행복 명상법』에 다음과 같은 글을 남겼습니다.

골칫거리는 당신 자신이다.

당신은 어디를 가든

골칫거리인 당신 자신을 데리고 다닌다.

을지로 3가 전철역 2, 3호선 환승통로 벽면에는 조병화1921-2003 시
인의 「천적」이라는 시가 새겨져 있었습니다최근에는 서울시의 홍보 그림으
로 바뀌어 있음. 저자는 전철역을 지나가는 길에 이 시를 우연히 읽게
되었는데, 뒤통수를 갑자기 한 대 강하게 얻어맞은 것 같은 느낌을
받았습니다.

법원행정처가 펴낸 『2016년도 사법연감』에 따르면 2015년에 이
혼한 부부 10만 8,397쌍 중 약 30.1%인 3만 2천 626쌍이 황혼이혼
인 것으로 나타났습니다. 황혼이혼 비율은 2010년 23.8%, 2012년

26.4%, 2015년 30.1%로 매년 꾸준한 증가세에 있습니다. 황혼이혼의 주된 이유는 성격 차이 47.2%, 가족 간 불화 11.2%, 경제 문제 12.7% 등으로 마음의 문제가 전체의 약 60% 이상을 차지합니다.

또한, 한국가정법률상담소가 황혼이혼 상담내역을 분석한 자료에 따르면 60세 이상의 황혼이혼 상담 건수가 2010년 524건, 2015년 1,520건, 2016년 1,664건으로 급격히 증가했다고 합니다. 성별로는 10년 전에 비해 여성은 3.9배, 남성은 9.4배로 지속적 증가세에 있습니다. 급속한 고령화의 그늘로 인한 노부모 부양 문제도 황혼이혼의 주요 원인이 되고 있습니다.

일본의 단카이세대1947년~1949년 사이에 태어난 일본의 베이비부머 세대로 전체 인구의 54% 남성들은 '은퇴증후군'을 겪었고 그 부인들은 '은퇴남편증후군'을 경험했다고 합니다. 단카이세대가 일본 경제성장의 주역으로서 '일 중심의 삶'을 살았다는 점에서 우리나라 베이비붐 세대와 비슷합니다. 이들의 대표적 심리현상은 역할 상실과 침체에 따르는 분노, 불안, 동요로서 종잡을 수 없이 날뛰는 마음이었습니다. 사소한 갈등 때문에 2차·3차 화살을 서로 주고 받으며 황혼이혼, 졸혼과 같은 예기치 못한 결과로 이어질 가능성도 높습니다.

심리학자들은 "내가 모르는 나가 있다."라고 말합니다. '내가 알고 있는 나'는 의식 영역의 나로서 에고Ego라고 부릅니다. '내가 모르는 나'는 무의식 영역의 나로서 그림자Shadow라고 부릅니다. 그림자는 내가 감추고 싶은 것일 수도 있고 전혀 모르는 것일 수도 있습니다. 나의 그림자를 수용할 수 있어야만 건강한 삶이 될 수 있다고 합니다. 그림자를 수용하지 않으면 일반적으로 '투사投射'가 발생합니다.

투사: 자신의 성격, 감정, 행동 따위를 스스로 납득할 수 없거나 또는 만족할 수 없는 욕구를 가지고 있을 경우에, 그것을 내가 아닌 다른 대상의 탓으로 돌림으로써 자신을 정당화하려는 무의식적 마음작용

과도한 주장이나 비판 속에는 자신의 그림자가 숨어 있는 경우가 많다고 합니다. 에고가 자신의 그림자에 대하여 방어기제부정,억압,회피,투사 등를 행사하게 되면 반드시 신체적 흔적을 남긴다고 합니다. 나의 그림자는 나를 항상 따라 다닙니다. '내가 모르는 나'인 무의식의 그림자가 나와 함께 존재한다는 사실을 인정하고 이를 보듬는 마음수행이 필요합니다.

생활명상을 통하여 그림자를 비추고 다독이는 좋은 습관을 길러야 합니다. 그림자와 싸우지 말고 부드럽게 대화하며 수용할 수 있어야 합니다. 방어기제를 통하여 나의 그림자를 대하면 결국은 그것이 골칫거리와 천적이라는 괴물로 변할 수도 있습니다. "부글부글 끓던 마음이 고요해져야만 힘을 얻을 수 있으며, 그렇게 쉴 줄 알게 된 고요한 마음을 갖고서 다시 정진하면 삶이 제대로 보이기 시작한다."라고 하였습니다.

정체성이라는
버팀목의 흔들림

잃어버린 가면

지인 중에 퇴직 후 1년이 넘도록 퇴직 사실을 당당히 밝히지 않고 숨기는 사람이 있습니다. 혹시라도 아는 사람을 만날까 봐 조심하는 모습을 보면서 안타까움을 느꼈습니다. 직장에서의 지위와 역할이 정체성으로서의 버팀목이었는데 그것이 대안 없이 흔들려 버린 것입니다. 따라서 그 무방비 상태를 숨기고 모면해 보려는 심정이었을 것입니다.

우리는 나를 보호해 주었던 위치나 조직에서 갑자기 등 떠밀렸을 때 당황하고 좌절합니다. 그것을 대체할 수 있는 무언가를 빨리 되찾을 수 없을 때 마치 속살을 드러낸 것처럼 약해집니다. 조직이라는 보호의 울타리 속에서 몸에 밴 생활양식들, 익숙하고 편리한 것들, 위치와 역할들은 '나는 누구인가?'라는 물음에 대한 자연스런 답이었습니다. 이제까지 그렇게 믿고 살아왔는데 퇴직과 동시에 그런 정체성의 버팀목이 안개처럼 사라진 것입니다.

'빈 둥지 증후군'이라는 말이 있습니다. 자녀가 장성하여 독립할 때 나타나기 쉬우며 갱년기와 대략 일치한다고 합니다. 황혼 이혼을 꿈꾸는 여성 중에는 '빈 둥지 증후군'이 심화된 사례가 있다고 합니다. 남편 입장에서는 특별한 문제가 없는 것으로 믿고 있는데, 어느 날 갑자기 아내가 이혼하자면 황당한 일입니다. 은퇴전환기에 예고 없이 닥칠 수 있는 이러한 일도 정체성의 흔들림 때문에 발생하는 현상이라고 볼 수 있습니다.

우리는 사회적 역할을 통해서 자신의 정체성을 확인하며 살아갑니다. 자녀 양육과 남편 내조의 역할에서 정체성을 찾는 여성도 있습니다. 이 경우에 성인이 된 자녀가 독립하여 곁을 떠나고 남편도 퇴직한 후에 겉돌게 되면 갑작스런 역할 부재에 따른 정체성의 상실로 인하여 '빈 둥지 증후군'에 노출될 수 있다고 합니다.

융C. G. Jung은 자아와 외부 세계를 연결해주는 중재자로서 페르소나Persona를 들었습니다. 페르소나는 고대에 배우들이 쓰던 가면을 의미하는 라틴어에서 유래된 용어입니다. 이것은 세상에 대처하기 위하여 개인이 쓰는 '사회적 가면'을 뜻합니다. 페르소나는 자아 정체성 또는 사회가 규정하는 나에 대한 인식과 관련이 있습니다. "개인은 의식적으로나 무의식적으로 자기 성격의 한 측면을 페르소나로 강조하기도 하고, 전 생애에 걸쳐서 많은 페르소나들을 동시에 사용한다."라고 합니다.

오랜 직장생활을 통하여 익숙했던 '가면놀이'가 퇴직과 동시에 허망하게 끝납니다. 사장, 이사, 본부장, 부팀장, 대령, 중령, 교장, 교감, 선생님, 이사관, 서기관, 계장, 팀장 등과 같은 '사회적 가면'을 벗는 것입니다. 정체성의 버팀목 역할을 했던 '사회적 가면'이 안개 걷히듯이 사라져 버립니다. 성공에 대한 자부심으로 작용했던 완장도 한낱 일시적 가면이자 껍질에 불과한 것이었다는 사실을 비로소 알게 됩니다.

달라이라마, 틱낫한과 함께 21세기 대표적 명상지도자인 에크하르트 톨레Eckhart Tolle는 "우리는 흔히 사회적 지위, 소유, 외모, 믿음 체계 등으로부터 내가 누구인지에 대한 자각을 끌어내려고 한다. 마음이 만들어내는 이러한 거짓 에고ego는 불안하고 상처받기 쉽다. 존재하는 느낌을 가지려고 언제나 자신을 새롭게 확인할 수 있는 무언가를 찾아 헤맨다. 그러나 그것은 충족되지 못하며 두려움, 결핍감, 욕구는 그대로 남게 된다."라고 충고했습니다.

우리는 제2 인생을 시작하면서 '잃어버린 가면'을 빨리 되찾으려고 서두릅니다. 분명하고 든든한 바탕에 뿌리내릴 수 없을 것 같은 두려움이 밀려오기 때문입니다. 가면은 나의 정체성이 아니며 '거짓 에고'일 뿐이라는 사실을 진정으로 공감할 수 있어야 합니다. 가면을 벗으면 창피하고 폼 안 나고 힘들 것 같은 생각이 듭니다. 그러나 오히려 더 '자유자재하고 성숙한 나'와 만날 수도 있습니다.

나는 누구인가?

저자는 젊었을 때 '나는 누구인가'에 대하여 진지하게 고민해 본 적이 없었습니다. 그것은 사회 속의 역할과 관계를 통하여 자동 설정되는 것으로 알았기 때문입니다. 또한, 이런 질문은 명확한 답이 없는 추상적인 것이라고도 생각했습니다. 따라서 현실의 삶에서는 별로 도움이 되지 않는 말 정도로 쉽게 보았습니다.

그러나 제2 인생을 시작하면서 이 질문이 새삼 중요하게 다가왔습니다. 사회적 지위나 역할로서 '나'를 규정한다면 퇴직 후의 나는 가장家長, 누구의 아빠, 누구의 남편 정도가 될 수 있습니다. 그러나 이런 용어들은 단지 서로의 관계를 구분 짓기 위한 형식적·언어적 약속일 뿐입니다. 그렇다면 실질적 관점에서 '나는 누구인가', '나는 무엇인가'에 대한 의문이 꼬리에 꼬리를 물고 이어졌습니다.

우리는 사회적 지위로서 자아와 정체성을 규정하는 방식에 익숙합니다. 제2 인생기에는 자아와 정체성에 대한 새로운 관점의 통찰이 필요합니다. 그동안 '나'라고 굳게 믿었던 것이 실제로는 '사회적 가면'에 불과했음을 알고 나면 대책없이 공허해집니다. 따라서 '빈 둥지 증후군'이나 '황혼이혼'과 같은 일이 발생될 수 있으며 우울증에 빠질 가능성도 높아집니다.

퇴직한 지인 중에 명함에 집착하는 사람이 있습니다. 오직 그럴듯한 명함을 갖기 위해서 무척 노력합니다. 지난 시절의 소속과 직책까지 모두 인쇄한 명함도 늘 갖고 다닙니다. 지위와 역할로서의 정체성이 흔들리니까 '잃어버린 가면'을 붙들고 발버둥 치는 모습과도 같습니다.

추하든 아름답든 있는 그대로의 나를 솔직히 인정하는 것.
이것 이상의 든든한 출발이 어디 있으랴!

— 칼릴 지브란

'참된 나'는 무엇일까요? 이는 각자의 문화·종교·사회적 관점에 따라 다를 수 있는 질문이라고 생각합니다. 저자는 퇴직기념으로 2박 3일간 해인사 템플스테이를 다녀왔습니다. 그 여행은 '참된 나'에 대하여 사유해 볼 수 있는 색다른 체험이었습니다. 성철 스님의 수행지였다는 백련암에서 정좌명상을 하다가 한바탕 소나기가 지난 후에 둘레길 산책을 나섰습니다. 산길에서 어떤 노스님을 우연히 만나 이야기를 나누었습니다.

저자　제2 인생에 필요한 교훈 하나만 말씀해 주세요.

노스님　서로 등을 맞대고 앞을 보세요. 잠시 기다린 후에 이제 돌아서
　　　서 각자가 본 것을 다섯 개씩 말하세요.

저자　나무, 하늘, 새, 굴뚝, 자동차

저자의 아내　사람, 석탑, 건물, 마당, 구름

노스님　세상은 하나인데, 같은 자리에서 다른 것만 보았네요.

　노스님은 별다른 설명 없이 공양간 뒷길을 따라 참선 수련원으로 떠났고, 그 뒤로는 만나지 못했습니다. 무슨 뜻인지 도무지 이해할 수 없었습니다. 나중에 책도 읽고 여러 스승님들께 묻기도 하면서 참뜻을 이해하려고 노력했습니다. 저자는 이 만남을 계기로 자아와 정체성에 대하여 깊이 사유하게 되었고 다음과 같은 두 가지의 지혜를 얻었습니다.

　첫째, 잘못된 '자아관념'과 '고정관념'에 관한 것입니다. '자아관념'이란 "나는 주主이고 상대방은 객客이다."라는 관념입니다. "나도 상대방에 의해서 객이 될 수 있다."라는 엄연한 진리는 무시하면서 나 중심으로만 살아가려는 것입니다. '고정관념'이란 내 생각이 옳다는 강한 집착입니다. '참된 나'를 찾는다는 것은 그동안 내 삶의 중심을 떠받치고 있었던 낡은 '관념 에너지'를 알아차리고, 이

를 다른 눈으로 바라 보려는 노력이라고 생각합니다.

둘째, '나'라는 존재에 대한 인식입니다. 나는 내 앞에 펼쳐져 있는 수많은 존재와 더불어 '통으로 하나인 세상'을 매 순간 열어 가고 있는 존재입니다. 변치 않고 늘 고정되어 있는 완전체로서의 '나'라는 것은 없습니다. 나는 매 순간 변하면서 세상 모든 존재와 연결되어 굴러가는 하나의 존재입니다. "전체 속의 하나"로서 작동되는 존재이자 "하나로서 전체"를 만드는 존재입니다. 세상의 모든 존재를 이러한 관점으로 바라보려고 마음먹으니까 하나하나에게 소중함과 감사함이 저절로 느껴집니다. '내가 세상을 여는 하나의 존재로서 지금 여기에 살아 숨 쉬고 있다.'라는 단순명쾌한 사실을 재발견한 것만으로도 기쁨과 행복이 느껴집니다. "내가 누구인지를 제대로 알면 살아가는 방식이 바뀐다."라는 말의 참뜻을 이제 조금이나마 이해할 수 있을 것 같습니다.

동양의 명상과 서양의 심리학을 융합한 심리치료 전문가인 존 웰우드John Welwood는 "익숙한 자아에 대한 느낌이 무너져 내릴 때 맞닥뜨리는 공허함에 움츠러들지 않을 수 있다면, 그것은 삶에 대한 현존의 새로운 가치이다. 영원히 무너지지 않는 위치나 정체성은 없으며, 그 때문에 우울할 것이 아니라 그것과 함께 어우러져야 할 일이다."라고 말했습니다. 제2 인생은 '낡은 나', '거짓된 나'를 과감하게 몰락시키고, '새로운 나', '참된 나'를 재창조하는 성숙한 전환의 과정이어야 합니다.

셰익스피어 5대 희극의 하나인 'As you like it 뜻대로 하세요'에는 이런 대사가 있습니다. "온 세상은 무대이고 모든 여자와 남자는 배우라네. 그들은 등장했다가 퇴장하지요. 어떤 사람은 평생 7막에 걸쳐 여러 역을 연기한다네." 사회적 역할로서의 정체성은 늘 고정적으로 머물러 있는 것이 아닙니다. 인생의 막이 전환되면서 역동적으로 변화하는 것입니다. 이미 지나간 버린 막과 역에 들러붙어 집착하면 불행할 뿐입니다. 내가 진정으로 원하는 새로운 역을 찾아서 '지금 여기'의 연기에 몰입할 수 있다면 행복할 것입니다.

깊은 강물은 돌을 집어 던져도 흐려지지 않는다.
모욕을 받고 이내 발칵 하는 인간은
작은 웅덩이에 불과하다.

— 톨스토이

Chapter II

'내면'을 향한 첫걸음

[Briefing]

　　제2장은 '설명의 단계'로서 '마음'과 '명상'의 주요 개념 및 방법 등에 대하여 이야기합니다.

　　'왜 사느냐'고 묻는다면 어떻게 답하시겠습니까? 아마도 '행복'을 연상할 것입니다. 우리가 무엇을 하든 감정의 밑바닥은 '행복'과 연결되어 있습니다. '행복'은 일시적이고 부수적인 것이 아니라 순간순간 우리의 '삶의 질'을 결정짓는 중요한 요소입니다.

　　'행복'이란 무엇입니까? 고대로부터 지금까지 많은 사람이 단지 쾌락적 감각이 아닌 깊은 평온과 충족감에서 행복을 찾았습니다. '마음'에서 행복을 찾았던 것입니다. 삶의 어떤 문제도 '마음'에서 답을 찾을 수 있습니다. 그런데 우리는 '마음'에 대하여 놀랄 정도로 무관심하고 무지하며 투자를 하지 않고 있습니다.

제2장의 목적은

첫째. '마음'의 생멸, 특징, 종류 등에 대한 주요 내용을 이해하기 위한 것입니다.

둘째. 분노 등의 부정적 감정에 대한 본질을 이해하기 위한 것입니다.

셋째. 몸과 마음을 이어주는 '명상'에 대하여 주요 개념 및 방법 등을 이해하기 위한 것입니다.

01

'마음'의 기본원리

마음의 생멸生滅

'마음'이란 무엇일까요? 동양인은 '가슴 속의 감정이나 느낌', 서양인은 '머릿속의 생각이나 의식'으로 답하는 경우가 일반적이라고 합니다. 수많은 수행자가 자기체험을 통하여 발견한 마음의 모습을 살펴보겠습니다.

감각 기관들눈, 귀, 코, 혀, 몸, 의식이 어떤 대상과 접촉하면 좋은 느낌, 나쁜 느낌, 좋지도 나쁘지도 않은 느낌이 생깁니다. 느낌이 생기면 그에 따라 '생각'이라는 2차 현상이 생길 수 있습니다. 느낌과 생각에 대한 반응으로 '무엇을 해야겠다'는 욕구도 생길 수 있습니다. 예를 들어 위험하다는 생각을 하면, 이것을 피하려는 행동 욕구가

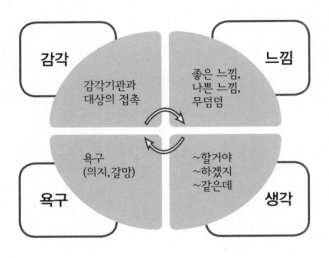

생기는 것과 같습니다. 마음은 감각 기관들이 수많은 대상들과 접촉하면서 만들어내는 느낌, 생각, 욕구 등의 복합체입니다. 이들이 함께 어우러져서 끊임없이 생겨나고 변하고 사라지는 것으로서 '고정적 실체가 없는 일종의 현상'입니다.

세계적 명상가 틱낫한은 마음현상을 온갖 종류의 씨앗들이 뿌려진 밭으로 비유했습니다. "마음은 연민, 기쁨, 희망, 슬픔, 두려움, 어려움, 사랑, 미움 등 갖가지 종류의 씨앗들이 뿌려진 밭으로서, 우리의 말과 생각과 행동은 매일 새로운 씨앗을 심고 이렇게 뿌려진 씨앗들이 일으키는 것이 삶이다. 또한, 우리가 행복한지 행복하지 않은지는 의식 내부의 씨앗에 달려있는데 연민, 이해, 사랑의 씨앗이 튼튼한가 아니면 분노, 적대감, 슬픔의 씨앗이 강한가의 문제이다. 마음 수행은 미리미리 잡초를 뽑고 물주기를 하는 것과 같다. 우리가 모든 것을 해석하는 경험은 마음 안에서 일어난다. 거대한 폭풍 구름도 자세히 들여다보면 안개일 뿐이듯이, 자신과 타인의 행복에 치명적 영향을 미치는 화, 미움, 질투, 강박적 욕구들도 마음이 빚어내는 일시적 현상일 뿐이다."라고 말했습니다.

첫눈과 마음현상

2014년 12월 1일, 서울에는 아침부터 많은 양의 첫눈이 내렸습니다. 저자는 그날 24시간 동안의 마음현상 변화 과정을 일기 형식으로 적었습니다.

- **기대감** : 많은 양의 첫눈이 온다는 일기예보를 듣고

- **설렘** : 첫눈을 맞으며 외출하는 기분

- **포근함** : 창가에서 펑펑 내리는 첫눈을 보며 차를 마시며

- **고요함** : 눈은 어떤 인연들발자취로 엮여서 만들어져 내리는 것일까? 갑자기 만해 한용운의 "알 수 없어요!"라는 시가 연상됨

- **자부심** : 내리는 눈과 떨어지는 오동잎의 원리가 같다는 통찰을 함

- **사라짐** : 다른 일을 하면서 눈에 대한 생각이 완전히 사라짐

- **들뜸** : 점심 식사를 하면서 따뜻한 정종 한잔을 하니 마음이 들뜸

- **황당함** : 돌아오는 길에 미끄러져서 발목이 약간 꺾임

- **화남** : 발목 인대가 걱정됨 폭설 때문이라고 탓함

- **무관심** : 한동안 하던 일에 집중하느라 눈에 관심이 없었음

- **불안감** : 저녁이 되어 귀가하는 길이 걱정됨

- **짜증** : 교통 혼잡으로 짜증 남, 덜 치워진 눈 때문에 중얼거림^{푸념}

- **화남** : 평소보다 2배 이상 시간 걸려서 귀가 후 어렵게 주차함

- **걱정** : 식구들의 안전한 귀가가 걱정됨

- **싫증** : 심야 시간에 테니스장에 나가 눈 치울 생각을 하니 눈이 싫어짐

- **피곤함** : 소수 인원이 테니스장 넓은 면적의 눈을 치워서 매우 춥고 피곤함

- **걱정** : 눈이 녹으면 내일 아침에 빙판길이 될까 봐 미리 걱정됨

- **화남** : 치우지 못한 눈 때문에 평행 주차 차량을 밀고 나는데 화남

- **불쾌함** : 지저분한 도로 사정으로 불쾌함

- **사라짐** : 눈에 대해서는 특별히 관심을 가질 일이 없어짐

눈^眼이라는 하나의 감각기관이 눈^雪이라는 하나의 대상을 접촉해서 24시간 동안 일으킨 마음현상을 대강 적었는데도 20번 이상이나 됩니다. 감각 기관과 접촉대상을 전체로 확장해서 세밀하게 적는다면, 우리는 매 순간 엄청나게 복잡한 마음현상을 경험하고 있습니다. 이와 같이 마음은 느낌, 생각, 욕구 등이 복합적으로 어우러진 일시적 현상으로서, 끊임없이 만들어지고^生, 머물다가^住, 변화되고^異, 사라집니다^滅.

따라서 화, 두려움, 걱정과 같은 부정적 마음현상들도 끊임없이 만들어지고 머물다가 변화되고 사라질 뿐입니다. 그런데 부정적 씨앗에만 머물며 지속적으로 물을 주면 그 씨앗들이 점점 더 크게

자라나서 폭발하게 됩니다. 나중에는 '내가 미쳤나? 왜 그랬지?' 하면서 후회하지만, 결국 많은 것을 잃고, 또 다른 나쁜 씨앗을 심으면서 악순환하게 됩니다.

물과 파도

마음을 물과 파도의 관계로 비유하는 경우가 많습니다. 일상생활에서 마음은 다음장의 그림처럼 느낌, 생각, 욕구 등의 현상들이 복합적으로 어우러져서 끊임없이 출렁거리는 수많은 잔물결의 모습과도 같습니다.

잔물결로 끊임없이 출렁거리던 마음현상이 어떤 다른 조건들을 만나면 성난 파도로 돌변해서 생태계를 파괴하기도 합니다. 마음수행은 이러한 물결의 흐름, 즉 삶의 매 순간 흐름을 있는 그대로 알아차림Sati, Mindfulness 하는 것입니다. '알아차림' 그 자체가 곧 변화를 보장한다는 것은 아닙니다. 여기서 중요한 것은 '알아차림'을 통하여 비로소 변화의 시작이 가능해진다는 사실입니다. 끊임없이 출렁이는 파도와도 같은 마음현상이 원래의 깊은 물처럼 고요해지려면 '알아차림'의 과정이 선행되어야 한다는 의미입니다.

불교심리학인 유식학唯識學에서는 마음현상을 폭류暴流에 비유했습니다. "한 생각이 일어나고 사라질 때마다 몸과 마음이 총체적으로 바뀌면서 흘러가는데, 그 모습이 마치 폭류와 같다."라고 합니다. 폭류가 흐를 때 갖가지의 것들이 함께 떠밀려 흘러가듯이, 마음

수불이파 파불이수水不離波 波不離水
물과 파도는 다르지 않다.

속에서도 갖가지 현상들이 함께 떠밀려 흘러갑니다. 선한 마음이 일어났을 때, 부드러운 마음이 일어났을 때, 악한 마음이 일어났을 때, 몸과 마음의 관계가 각각 다른 모습으로 폭류처럼 함께 떠밀려 간다는 것입니다.

마음의 특성

마음속에는 상반되는 감정이 공존합니다. 겉으로 드러난 딱딱한 감정의 이면에는 부드러운 감정도 함께 붙어 있습니다. 저자의 어린 시절 이야기를 사례로 들겠습니다. 어느 겨울밤에 일찍 잠자리에 들었는데 엄마가 식구들과 함께 화롯불에 고구마를 구워 먹었습니다. 저자는 이미 잠이 든 척하며 미동도 하지 못하고 있었습니다. 그냥 벌떡 일어나서 고구마를 함께 먹으면 좋았을 텐데 그냥 우물쭈물 망설이다가 기회를 놓치고 말았습니다.

부정적 감정이 점점 일어났습니다. '왜 나만 빼놓았을까?' '나는 정말 다리 밑에서 주워 온 아이일까?' 속상한 느낌이 갑자기 들면서 엄마가 나를 차별한다고 생각했습니다. 당시에 느꼈던 소외감, 속상함의 이면에는 엄마로부터 더욱 사랑받고 싶다는 감정이 있었습니다. 겉으로 드러난 감정만을 가지고 마음의 본성을 이해할 수는 없습니다. 겉으로 드러난 감정이 거칠고 딱딱하더라도 숨겨져 있는 감정은 순수하고 부드럽습니다. 우리는 상대방의 감정을 읽을 때 그 이면에 숨겨져 있는 감정까지도 헤아릴 수 있는 지혜가 필요합니다.

밥을 먹다가 돌을 씹으면 돌밥이라고 말합니다. 돌보다 쌀이 훨씬 많이 들었는데도 전체를 돌밥이라고 말합니다. 엄마의 사랑^쌀이 실수^돌 보다 비교할 수 없을 정도로 큰 부분인데도 작은 실수 하나로 엄마의 본심을 의심합니다. 일상생활에서 부분을 전체인 양 생각하는 사례가 고구마와 돌밥뿐이겠습니까? "되는 일이 없다.", "엄마는 나만 미워한다." 이런 딱딱한 감정의 이면에는 "나도 잘해 보고 싶다.", "엄마로부터 더 사랑받고 싶다."라는 부드러운 감정도 함께 들어 있습니다. 사랑받고 싶은 간절한 마음이 증오라는 감정으로 표현될 수도 있음을 알아차린다면 갈등과 미움은 더 쉽게 해결될 수 있습니다.

마음은 오작동하기 일쑤입니다. 마음은 온갖 종류의 느낌과 생각과 충동들을 순식간에 뒤섞어서 우리를 착각 속으로 빠뜨립니다. 마음은 근본적으로 오작동할 가능성이 크다는 사실을 알아차리는 지혜가 필요합니다. 오작동에서 파생되는 2차적 문제들을 예방할 수 있는 가장 효율적 방법은 '알아차림'을 생활화하는 것입니다.

마음은 '지금 여기'에도 저항합니다. 마음은 잠시도 쉬지 않고 과거의 기억과 미래의 환상 사이를 오락가락하며 방황하기 일쑤입니다. 마음은 후회스런 과거와 불안한 미래에 집요하게 달라붙어서 '지금 여기'의 삶을 왜곡합니다. 마음은 갈등과 고통을 스스로 만들어 내면서 이를 확대 재생산하는 능력도 갖고 있습니다.

마음의 특성 <small>눈을 감고 속으로 따라 해 보세요.</small>

- 딱딱한 감정은 부드러운 감정과 함께 있습니다.
- 내 마음을 알아차리면 행복합니다.
- '그럴 수는 없다'라고 말하면 불행합니다.
- '그럴 수도 있지'라고 말하면 행복합니다.
- 남의 마음을 억지로 바꾸려면 불행합니다.
- 남의 마음을 억지로 바꾸려는 내 마음을 알아차리면 행복합니다.
- 부분을 전체인 양 생각하면 불행합니다.
- 변하는 것을 변치 않는 것인 양 생각하면 불행합니다.
- 조건 따라 차별하면 모두가 불행합니다.
- 차이를 존중하고 신뢰하면 모두가 행복합니다.
- 느낌과 생각은 내가 아닙니다. 그것은 습관이고 현상일 뿐입니다.
- 느낌과 생각은 조건 따라 생기고 사라지는 현상일 뿐입니다.

마음의 세 가지 유형

마음은 다음의 세 가지 유형으로 발생합니다. 마음의 발생 유형을 이해하면 마음을 다스릴 수 있는 원리와 방법을 이해할 수 있게 됩니다.

세 가지 마음	
일어나는 마음 자동 발생, 통제 불능	외부 → 즉시 발생
일으키는 마음 반응 계통, 물든 마음	내부반응 n차 화살 나쁜 느낌 → 혐오 → 분노 좋은 느낌 → 욕망 → 집착
바라보는 마음 물든 마음을 깨끗하게	알아차림 마음챙김 깨어있는 바라보기

첫째. '일어나는 마음'은 감각기관이 어떤 대상과 만나면 통제할 겨를도 없이 즉각적으로 반응해서 생겨나는 마음입니다. 산길을 걷다가 독사를 갑자기 만나면 생명의 위협을 즉각적으로 느끼는 것과 같습니다. 이것은 자동으로 순식간에 일어나는 마음입니다. 따라서 내가 통제할 수 없는 마음입니다.

둘째. '일으키는 마음'은 내면의 반응에 의해서 2차, 3차로 생기는 마음입니다. 이것은 '물든 마음'이라고도 합니다. 산길에서 독사를 만났을 때 생명의 위협이 자동으로 일어나고 불안한 느낌이 들게 됩니다. 이어서 '저 뱀이 나를 공격하겠지?', '그러니까 먼저 제압하자.' 이런 식으로 어떤 생각과 행동욕구가 일어나는 것이 '일으키는 물든 마음'입니다.

셋째. '바라보는 마음'은 어떤 대상 때문에 발생한 느낌이나 생각이 정말 실체로서 존재하는 것인가? 아니면 그것이 어떤 인연에 의해서 일시적으로 만들어진 것인가? 그것은 어떤 의미를 갖는가? 등에 대하여 '있는 그대로 바라보는 것如實知見'입니다. 이것을 '알아차림' 또는 '마음챙김'이라고 합니다.

마음수행이란 '바라보는 마음', 즉 알아차림의 능력을 기르는 것입니다. 반응 계통에서 일으키는 '물든 마음'을 알아차림을 통해서 수용하고 흘려보내는 능력을 기르는 것입니다. '지금 내가 불안하구나, 욕심내고 있구나, 화내고 있구나, 고집부리고 있구나, 집착하고 있구나, 흥분하고 있구나, 트집 잡고 있구나.' 이런 현상들을 가만히 있는 그대로 바라보는 마음, 즉 '깨어있는 알아차림'을 하는 것입니다. 이와 같이 우리가 반응 계통의 '물든 마음'을 내려놓을 수 있다면 맑고 고요한 마음을 한없이 확장시킬 수 있게 됩니다.

평상심平常心

단 하루만 집에 들어 앉아서 떠오르는 생각들을 그대로 적어보세요. 내용을 그럴듯하게 편집하거나 가다듬지 마세요. 있는 그대로를 솔직히 적고서 1주일 후에 다시 읽어 보세요. 어처구니없는 내용이 의외로 많다는 사실을 알게 될 것입니다. 생각이란 것의 대부분이 얼마나 부질없고 터무니없는 것인지를 확인할 수 있을 것입니다. 이처럼 우리의 마음은 온통 그럴듯한 생각 쓰레기로 뒤덮여 있다고 해도 과언이 아닙니다.

특히 은퇴전환기에는 총체적 변화가 밀물처럼 몰려오면서 더욱 그렇습니다. 우리는 넘쳐나는 생각 쓰레기로 인하여 소중한 에너지를 잃고 있는 셈입니다. 마음속에서 끊임없이 생산되는 생각과 감정들은 서로에게 먹이를 주며 새끼를 치고 왕성하게 자랍니다. 이렇게 자라난 나쁜 에너지는 몸과 마음의 고통을 키우는 천적이 됩니다.

마음의 본성은 원래 한없이 맑고 광활한 '텅 빈 창공'의 모습과 같다고 합니다. 그러나 우리가 언제나 구름 한 점 없는 '텅 빈 창공'만을 바라볼 수 있는 것은 아닙니다. 생각과 감정은 마치 구름과도 같습니다. 적당한 구름은 창공을 더 멋지게 할 수도 있고 창공으로 저절로 녹아듭니다. 그러나 강한 먹구름은 창공의 전체상을 일시적으로 왜곡할 수도 있습니다.

'평상심'이란 구름 위의 '텅 빈 창공'과 늘 함께할 수 있는 마음입니다. 적당한 구름이 생겨나고 변하고 녹아드는 현상을 있는 그대로 바라보고 수용할 수 있는 고요한 마음입니다. 제2 인생에서 평상심이 중요한 이유는 무엇일까요? 미국인으로서 티베트 불교계의 큰 스승이 된 페마초드론은 평상심의 가치에 대하여 다음과 같이 말했습니다.

화가 머리끝까지 치솟고 심장이 분노로 쿵쾅거려도 가만히 제자리에 앉아서 평상심을 유지할 때, 우리 마음에 새로운 힘, 행복의 근원이 생긴다. 자신을 길들일 기회가 열린다. 이것이 바로 행복의 근원을 다지는 가르침이다.

생각구름 들숨날숨에 집중하면서 마음속으로 따라 하세요

- 눈을 감고, 등을 똑바로 세우고, 가슴을 활짝 열고, 몸을 전체적으로 이완합니다.
- 숨을 천천히 길게 들이마시고 내쉽니다.
- 마음의 눈으로 광활한 창공을 바라보겠습니다.
- 광활한 창공에는 많은 구름이 떠다니고 있습니다.
- 성긴 구름, 뭉게구름, 양떼구름, 새털구름, 띠구름······.
- 내 마음속에서 지금 일렁이고 있는 느낌과 생각들은 저 하늘에 떠다니는 구름과도 같습니다.
- 구름을 치우려 하지 않고 그대로 바라보면서 내버려 둡니다.
- 구름은 바람에 실려서 이리저리 창공으로 흩어져 사라집니다.

잠시 기다린 후 타종

분노의 덫 편도체 납치

분노가 폭발하는 과정은 생물학적 관점에서 '편도체 납치amygdala hijack'로 설명할 수 있다고 합니다. '편도체 납치'란 불안과 두려움으로 활성화된 편도체가 '이성 뇌'의 판단과 명령을 따르지 않고 기억의 중추인 해마와 두뇌사령부PFC의 기능을 억제하는 것입니다. 이때의 두뇌 환경은 두려움과 불안이 증폭되고 현실을 직시하지 못하게 된다고 합니다.

변연계의 편도체가 활성화되면 스트레스 호르몬이 분비되어 심장박동과 혈류가 빨라집니다. 동공이 확장되며 근육이 경직되고 얼굴이 벌겋게 달아오르는 상태가 만들어집니다. 그런데도 분노가 계속되면 스트레스 호르몬이 계속 증가합니다. 결국에는 기억의 중추인 해마와 두뇌사령부의 능력을 완전히 장악하게 된다는 것입니다.

뇌과학자들에 의하면 뇌의 구조는 진화과정에 따라서 파충류의 뇌, 포유류의 뇌, 인간의 뇌로 구분할 수 있으며, 그 각각의 기능은 다음과 같다고 합니다.

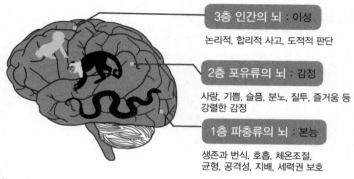

3층 인간의 뇌 : 이성
논리적, 합리적 사고, 도적적 판단

2층 포유류의 뇌 : 감정
사랑, 기쁨, 슬픔, 분노, 질투, 즐거움 등 강렬한 감정

1층 파충류의 뇌 : 본능
생존과 번식, 호흡, 체온조절, 균형, 공격성, 지배, 세력권 보호

분노는 내 안의 두려움과 불안으로부터 시작됩니다. 1차적으로 일어나는 분노를 잘 다스리지 못하면 더 많은 스트레스 호르몬이 분비되어 '과잉 분노'에 이르고 현실을 직시하는 능력까지 잃게 됩니다. 미친 듯이 물불을 가리지 않고 화를 내는 사람은 '편도체 납치' 현상이 발생한 것입니다. 과잉 분노로 인한 편도체 납치현상이 일어나면 상위층 뇌인 '인간의 뇌'가 이성 능력을 잃고, 그 대신 하위층 뇌인 '파충류의 뇌'가 조종하게 된다는 것입니다.

현대 심리학에서는 분노를 우울, 불안과 더불어 인간의 3대 부정적 정서로 분류합니다. 고대 심리학에서도 분노를 인간의 3대 주요 번뇌^{잠재적 성향}의 하나로 다루었습니다. 이와 같이 분노는 모든 인간이 가진 자연스런 감정현상의 하나입니다. 따라서 분노의 감정은 우리가 하루에도 몇 번씩 경험할 수 있는 현상입니다.

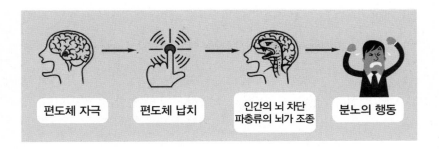

| 편도체 자극 | 편도체 납치 | 인간의 뇌 차단
파충류의 뇌가 조종 | 분노의 행동 |

그런데 은퇴전환기의 분노에 대해서 특별히 관심을 갖는 이유는 심리적 특성상 그 어느 때보다도 '과잉 분노의 덫'에 걸려들 가능성이 높기 때문입니다. 따라서 '과잉 분노'는 왜 일어나며 어떠한 과

정으로 발전되는지, 그리고 어떻게 하면 분노의 과잉으로 인한 더 깊은 침몰을 경험하지 않고 이로부터 벗어날 수 있는지에 대하여 이해할 필요가 있습니다.

'과잉 분노' 벗어나기

논장論藏, Abhidhamma에 따르면 분노가 생기는 원인은 열 가지가 있습니다. 과거와 현재와 미래에 각각 세 개씩 총 9개3×3가 있습니다. 그 외에 이유를 알 수 없는 한 개를 더하여 총 10개입니다. 나에게 과거에 불이익을 끼쳤거나, 현재에 불이익을 끼치고 있거나, 미래에 불이익을 끼칠 것 같다는 생각이 분노를 일으킵니다. 이 세 가지의 경우는 '내가 좋아하는 사람'에게도 똑같이 적용됩니다.

이와 반대로 내가 싫어하는 사람에게 과거에 이익을 주었거나, 현재에 이익을 주고 있거나, 미래에 이익을 줄 것 같다는 생각도 분노의 원인이 됩니다. 결국 '나' 또는 '내가 좋아하는 사람'에게는 불이익을, '내가 싫어하는 사람'에게는 이익을 주었거나 줄 것이라는 생각이 분노의 원인입니다. 실제로 이익과 불이익이 발생하지 않았더라도 그러한 생각을 하는 것만으로도 분노가 발생할 수 있습니다.

이와 같이 분노의 원인은 공통적으로 '나'라는 자아 관념과 깊은 관련성이 있습니다. 분노는 '나'를 중심으로 모든 생각과 행위의 기준을 맞추는 것에서부터 시작됩니다. 남들이 내가 생각하는 기준에 따르지 않는 상황을 수용할 수 없기 때문에 분노가 발생합니다.

따라서 분노의 감정을 다스리기 위해서는 우선 '나'라는 것의 본질과 내면에 주목해야 합니다.

자신의 내면에 주목해야 하는 이유는, 최초로 발생한 분노 이외의 나머지 분노들은 스스로가 만든 '과잉 분노'이기 때문입니다. 과잉이기 때문에 스스로 극복하면 두 번째와 세 번째의 화살을 맞지 않을 수 있습니다. 내 안에서 활활 타오르는 '과잉 분노'는 나의 '번뇌_{잠재적 성향}'가 일으키는 분노임을 알아차린다면, 분노의 연료 공급을 중단할 수 있습니다. 따라서 '과잉 분노'의 불길을 잠재울 수 있게 됩니다.

'과잉 분노'로부터 벗어나는 길은 자신이 분노하고 있음을 알아차리고 관찰하는 것입니다. 최초로 발생한 분노를 더 이상 확산하지도 말고 도망가지도 말며, 있는 그대로 관찰하면서 알아차리는 것이 중요합니다. '과잉 분노'에 휩쓸리지 않고 주시하면서 그것의 뿌리가 자신의 '잠재적 성향'에 있다는 사실을 알아차려야 합니다.

'과잉 분노'가 일어날 때, 마음은 분노의 대상으로 향하게 됩니다. 그 대상이란 것은 현실적으로 나의 통제권 밖에 있는 것입니다. 분노를 스스로 벗어나기 어려운 이유가 바로 이것 때문입니다. 분노에서 벗어나기 위해서는 나의 시선을 그 바깥의 대상이 아닌 나의 안쪽으로 되돌려야만 합니다. 자신의 내면으로 시선을 돌린 후에

'알아차림'을 하면 마음을 통제할 수 있기 때문에 '과잉 분노'로 부터 벗어날 수 있게 됩니다.

일단 멈춤 ─止

테레사 수녀와 마틴 루터 킹 목사는 "우리가 공격적 마음을 품을 때가 가장 위험하고 해롭다."라고 지적했습니다. 공격적 마음이 일어날 때는 '일단 멈춤'을 해야 합니다. 화가 난 마음을 '일단 멈춤' 하지 않으면 마치 흙탕물을 휘저어 놓은 상태로 변합니다. 분노는 일단 표출하기만 하면 사나운 늑대에게 먹이를 이미 주어 버린 것과 같습니다. '일단 멈춤'은 '과잉 분노'라는 사나운 늑대에게 먹이를 주지 않는 응급처치 방법입니다.

하버드대학교 뇌과학 교수이면서 그녀 자신도 8년간이나 뇌졸중을 앓았던 질볼트 테일러Jill Volt Tailor 박사는 "분노는 일종의 자동반응이며, 90초 안에 분노를 구성하는 화학성분이 혈류에서 완전히 빠져나간다."라는 연구 결과를 발표했습니다. 뇌과학적으로 볼 때 90초 동안만 '일단 멈춤' 상태를 유지하면 과잉 분노의 덫을 피할 수 있다는 주장입니다.

분노를 '일단 멈춤' 할 수 있는 마음속의 단추를 마련해 보세요. '분노'라는 늑대와 '생각'이라는 쓰레기가 서로를 키워 주려고 하면 '일단 멈춤'의 단추를 누르세요. 부정적 감정이 일어날 때마다 '일단 멈춤'의 단추를 눌러 보세요. 그리고 감정을 부드럽게 다독거리

면서 사나운 늑대가 사라질 때까지 가만히 멈추고 지켜보는 힘을
길러 보세요.

> 멈춰! 멈춰! 일단 멈춰! 또는 一止! 一止! 止! 止!
> 멈춰! 멈춰! 일단 멈춰! 또는 一止! 一止! 止! 止!

　분노를 다스리는 방법으로 차드 멍 탄Chade-Meng Tan의 시베리아 북
부철도Siberian North Railroad라는 프로그램도 있습니다. 그는 구글의 초
기멤버로서 엔지니어링 분야에서 성공적 활동을 하던 중 명상의
효과에 고무되었다고 합니다. 그 후에 구글과 세계적 명상지도자들
의 지원을 받아 '알아차림'과 관련된 프로그램을 만들었습니다.

> ### 시베리아 북부철도 Siberian North Railroad
>
> 1단계 : 멈춘다 Stop
> 2단계 : 호흡한다 Breathe
> 3단계 : 바라본다 Notice
> 4단계 : 반성한다 Reflect
> 5단계 : 반응한다 Respond

　"분노라는 괴물은 우리들의 분노에 찬 이야기를 먹고산다. 먹을

이야기가 없으면 굶주리다가 슬그머니 자취를 감춘다."라는 말이 있습니다. 분노라는 괴물을 만났을 때, 시베리아 들판을 달리는 열차에 탑승하는 모습을 연상해 보세요. 일단 멈추어서1단계, 호흡을 거머쥐고 집중한 후에2단계, 내면에서 일어나는 느낌과 생각을 있는 그대로 바라보는3단계 지점까지만 여행하더라도 분노라는 괴물을 피할 수 있게 됩니다.

견해見解 충돌

평상심 유지를 위해 중요한 것 중의 하나는 견해 차이에 의한 충돌을 예방하는 것입니다. 저자도 정치, 종교 등의 이슈를 놓고 다툰 후에 나 홀로 벽차기를 하면서 크게 후회한 일이 종종 있습니다. 처음에는 가볍게 의견을 나누지만 결국에는 고성과 욕을 주고 받습니다. 이렇게 하고 나면 마음이 마치 벌집을 건드려 놓은 것처럼 불편하고 어수선해집니다.

나이 들수록 삶의 조건들이 복잡해집니다. 따라서 각자의 주의, 주장, 관점은 당연히 다를 수밖에 없습니다. 각자의 견해는 '옳고 그름'의 문제가 아니라 '서로 다름'의 문제일 뿐입니다. 우리는 이러한 사실을 잘 알고 있습니다. 그러나 일상에서 작동되지 않는 경우가 예상외로 많습니다. 견해 충돌로 '과잉 분노'하고 스트레스를 받는 일이 자주 발생합니다. 이럴 때 응급처치가 필요합니다. 제2인생의 행복을 위해서는 '침묵'과 '일단 멈춤'이라는 처방약을 항상 준비해 두어야 합니다.

반대의 견해는 늘 있게 마련입니다. 곳곳에서 부딪히는 반대의 견해에 무심한 태도를 유지하는 지혜가 필요합니다. 상대방이 반대의 견해를 강하게 주장하더라도 즉각적으로 맞대응하거나 뒤에서 비방하지 말고 처방약을 사용해 보세요. 상대방이 무어라고 주장하든 무심히 지켜보면서 그대로 멈추어 있는 차원 높은 마음놀이를 즐겨보세요.

견해가 다르고 시각이 완전히 다른 사람을 만나는 것은 한쪽 눈을 뜰 수 있는 절호의 기회이다.

― 괴테

자신의 견해와 다르다는 이유로 매사에 남을 헐뜯고 비방하는 사람이 있었습니다. 그래서 사람들은 그를 일부러 피해 다녔다고 합니다. 이런 소문을 들은 그의 스승이 어느 날 그를 불러 세우고 이렇게 물었습니다.

"네가 맛있는 음식을 잔뜩 장만해 놓고 손님을 초대했다. 그런데 손님이 음식을 먹지 않고 그대로 돌아간다면 그 음식을 어떻게 하겠느냐?"

"그야 당연히 저와 집안 식구들이 다 먹어야죠."

"그와 마찬가지이다. 네가 아무리 남을 헐뜯고 비방해도 상대방이 그것을 먹지 않는다면, 너와 네 가족이 고스란히 먹게 되느니라."

노예 출신으로 훗날 로마제국 제16대 황제인 마르쿠스 아우렐리우스의 스승이 된 스토아학파 철학자 에픽테투스Epictetus는 다음과 같은 말을 남겼다고 합니다.

인간은 객관적 현실에 의해서 고통받는 것이 아니라, 그것에 대한
견해에 의해서 고통받는다.

우리는 나의 견해에 대해서는 일반적으로 과대평가하고 존중합니다. 그러나 상대방의 견해에 대해서는 일반적으로 과소평가하고 무시합니다. 대부분의 '견해 충돌'은 각자의 입장과 관점에 따라서 일시적으로 발생한 '고정관념'들의 부딪힘일 뿐입니다.

고통의 숨은 가치

삶은 복잡하고 아슬아슬해서 고통, 걱정, 불안이 없는 날이 없습니다. 은퇴전환기에는 체력도 떨어지고 사회적 역할과 지위도 사라지며 인간관계도 급변합니다. 익숙한 삶의 방식은 낯설어지고 다가올 미래는 가늠조차 힘든 상황입니다. 그런데 이런 고통의 대부분은 누구에게나 정해져 있는 삶의 조건이 무르익었기 때문에 불가피하게 생겨난 일들입니다.

누구나 시간상으로는 생로병사生老病死의 법칙으로, 공간상으로는 희로애락喜怒愛樂의 법칙으로 조건이 정해져 있습니다. 은퇴전환기의 고통은 '늙어 감'이라는 시간적 조건과 공통으로 연결되어 있습니다. '늙어 감' 때문에 어쩔 수 없이 생겨나는 일에 대하여 저항하고 회피하면 더 고통스러울 뿐입니다. 그것들이 누구에게나 조건 따라 일어나는 것임을 알아차리고 수용하면, 그것은 고통으로서의 원동력을 스스로 상실하게 됩니다.

> 고통의 원인은 시들어 가는 꽃이 아니라, 바로 그 꽃이 시들지 않기를 바라는 비현실적 욕망 때문이다. 탐욕을 내려놓으면 유쾌한 경험은 전혀 고통을 이야기하지 않는다. 시들어갈 운명은 피할 수 없는 것이므로 꽃들을 온전히 충만하게 즐길 수 있어야 한다.
>
> — 틱낫한

'늙어 감'은 온갖 종류의 고통, 근심, 걱정을 주렁주렁 달고 옵니다. 그것은 시간적 조건의 성숙으로 생기는 자연스런 변화입니다. 이 단순한 진리 앞에 진정으로 마음 굽힐 줄 아는 것만으로도 행복해집니다. 이 진리에 마음 굽히지 못한다면 제2 인생은 급격한 무너짐으로 경착륙할 가능성이 높아집니다. '수용'이란 어쩔 수 없는 변화가 데리고 오는 고통을 있는 그대로 받아들이는 힘입니다. 아울러 그것으로부터 '숨은 가치'를 발견하고 새로운 삶으로 전환하는 힘입니다. 고통의 숨은 가치와 관련있는 한 가지 사례를 소개합니다.

저자는 최근 1년 동안 왼쪽 눈동자에 네 번의 주사를 맞았습니다. 속칭 '눈 중풍' 때문이었습니다. 나이 들면서 가장 많은 질병이 혈관질환이라고 합니다. 눈의 실핏줄 하나가 막히니까 시력도 떨어지고 불편했습니다. 처음에는 당황하고 화도 났습니다. 그러나 원인과 과정을 있는 그대로 알아차리니까 흔쾌히 수용할 수 있었습니다. 평소의 생활습관을 감안한다면 이 정도만으로도 고마운 일입니다.

저자는 운동을 규칙적으로 하는 편이어서 건강에는 자신이 있었습니다. 따라서 평소의 생활습관에는 별로 신경을 쓰지 않았습니다. 그 사이에 자신도 모르게 위험이 다가오고 있었던 것입니다. 눈동자의 실핏줄 하나가 위험을 파악하고 최전방으로 나아가 스스로 희생한 것입니다. 몸 전체로 다가오는 위험을 최소한의 희생으로 알리고 방어해 낸 것입니다. 그렇지 않았더라면 다른 2차적 고통뇌졸중 등을 당했을지도 모를 일입니다.

이 경험을 계기로 생활습관을 바꾸었고 체중도 줄였습니다. 지금은 몸과 마음의 상태가 무척 좋아졌습니다. 눈동자에다 주삿바늘을 찌르는 것은 고통스런 일입니다. 그러나 그 고통을 통하여 삶과 건강에 대한 가치를 재발견했습니다. 눈동자에게 진심 어린 감사의 마음을 전하고 있습니다. 손바닥으로 눈동자를 따뜻하게 비비면서 말을 건넵니다. '눈동자야! 정말로 고맙다. 눈동자야! 정말로 미안하구나. 눈동자야! 정말로 수고 많았다.'

'늙어 감'이 데리고 오는 온갖 형태의 고통은 그에 상응하는 이로움의 씨앗도 숨기고 옵니다. 감기의 고통도 휴식의 필요성이나 다른 병의 가능성을 알리는 메시지일 수 있습니다. 고통의 숨은 가치를 찾아보세요. 고통의 숨은 가치를 발견하면 고통 속에서도 활짝 웃을 수 있습니다. 웃으면 훨씬 덜 아프고 병의 치료에도 도움이 된다고 합니다.

세상 모든 것은 혼자 오지 않는다. 행복은 키 작은 불행을 올망졸망 달고 오고, 사랑은 슬픔의 손을 잡고 오고, 세상의 모든 해독제를 소매 속에 감추고 온다.

― 정화스님

고통의 숨은 가치 함께 연습해 보세요

- 고통의 숨은 가치를 발견하면 삶의 소중한 디딤돌이 될 수 있습니다.
- 고통이 우리에게 주려는 메시지에 귀를 기울이면 인생을 변화시킬 수 있습니다.

- 3-4명씩 가까이 마주 보고 둘러앉습니다.
- 지나온 삶 속에서 직접 경험한 고통과 이로부터 얻은 교훈을 각자 5분씩 이야기합니다. 한 명씩 차례대로 돌아가면서
- 한 사람의 이야기가 끝나면, 다른 사람들은 30초간 상대방에 대한 격려로 마무리합니다.

당위적 욕구

마음은 '동심원'의 모습과도 비슷합니다. 중심은 같지만 크기가 다른 원들이 동심원입니다. 우리는 어린 시절부터 어른이 될 때까지 마음의 크기_{동심원의 크기}를 점점 키우면서 자랍니다. 그런데 중년기부터는 그것이 점점 작아지다가 노년기가 되면 원점으로 회귀하는 경우가 많습니다. 마음을 넓게 쓰다가 다시 옹졸해져서 원점으로 수렴하게 되는 것입니다.

부모님의 성격_{마음 씀씀이} 때문에 무척 힘들어하는 지인이 있었습니다. 자식들이 부모의 속을 썩이는 경우가 많다지만, 그와 반대의 경우도 종종 있습니다. 나이 들었다는 이유만으로 마음 씀씀이가 괴팍해지고 옹졸해지지 않았으면 좋겠습니다. 나이 들면서 개저씨_{개념 없는 중년남자}가 되지 않도록 하기 위해서는 꾸준한 마음수행이 필요합니다.

나이 들면 마음의 크기_{동심원의 크기}가 작아지면서 나만의 시각으로 세상사를 재단하여 이분법적으로 바라보는 경우가 많아집니다. 고정관념으로 시야가 점점 더 좁아진다는 의미입니다. 이렇게 내면이 결핍 상태에 놓이게 되면 나이, 경력, 소유 등의 외형적 자의식을 끌어다가 억지 주장을 고집하는 일이 늘어납니다.

작아진 동심원 안에 똬리를 틀고 있는 대표적 심리현상의 하나가 '당위적 욕구'로 억지를 부리는 것입니다. 이는 비현실적이고 자기중심적인 기대를 설정해 놓고 이를 타인들이 따르도록 강요하는 것입니다. 상대방이 이를 따르지 않으면 불쾌한 감정에 휩싸여서 '과잉 분노'를 보이고 엉뚱한 행동까지 하게 됩니다. '당위적 욕구'의 기본 틀은 다음과 같습니다.

당위當為적 욕구 ⇒ 절대성, 획일성 Should, Must의 틀

- 남자는(여자는) 항상(늘, 언제나, 반드시) ⋯⋯⋯⋯해야 한다.
- 어른은(아이는) 항상(늘, 언제나, 반드시) ⋯⋯⋯해야 한다.
- 부모는(자식은) 항상(늘, 언제나, 반드시) ⋯⋯⋯해야 한다.
- 남편은(아내는) 항상(늘, 언제나, 반드시) ⋯⋯⋯해야 한다.

요즘 아이들은 '아빠가 저녁 사줄게.'라는 말을 싫어하는 경우도 있습니다. 아빠는 가족을 위해서 오랜만에 큰마음 먹고 제안했는데 자식이 한마디로 거절하면 기분이 어떨까요? '아빠 말이 말 같지 않아!'라고 화를 벌컥 낼 수도 있겠지요? 그러나 '아이는 부모의 욕구를 반드시 따라야만 한다.'라는 생각도 '당위적 욕구'의 사례일 수 있습니다.

저자는 젊은이들의 행동이 눈에 거슬려서 엉겁결에 언쟁을 한 적이 있습니다. 저자는 50대 후반의 나이에 대학원을 다녔습니다. 어느 날 학교 내에서 담배를 피우는 여학생들에게 핀잔을 주었다가 그들과 말싸움을 했습니다. '여학생은 담배를 피우면 안 된다'는 식의 이분법적 생각도 '당위적 욕구'의 사례일 수 있습니다.

이 경우에 인식의 차원을 여대생 ∈ 인간 ∈ 생명체 ∈ 존재의 차원으로 확장해서 바라본다면 어떨까요? 여대생의 차원을 인간과 존재의 차원으로 확장하면 저자와 여대생은 서로 다를 바가 없습니다. 상대방의 행위를 내 고정관념의 틀에 맞추어서 이분법적으로 판단하는 것은 불합리한 일입니다. 즉 어떤 인식의 차원에서 사유하는가의 문제일 뿐입니다. 물론 주어진 조건과 환경에 따라서 사안별로 다르게 판단될 수는 있습니다.

젊은이들이 즐겨 쓰는 속어 중에 '케바케'라는 말이 있다고 합니다. '사안별로 다르다.'라는 의미로써 'Case by Case'의 줄임말입니다. 중년기에는 낡은 고정관념에서 비롯된 '당위적 욕구'의 틀을 느슨하게 재조정하고 매사에 상대성 및 다양성을 존중해야 합니다. 또한 인식의 차원_{동심원의 크기}이 점점 좁아지고 있다는 사실을 솔직하게 인정할 수 있는 용기도 필요합니다.

자긍심 自矜心

자긍심이란 '자신에게 긍지를 갖는 마음'입니다. 긍지란 자신의 능력을 믿음으로써 가지게 되는 당당함 또는 보람을 말합니다. 우월감과 자긍심은 전혀 다릅니다. 우월감은 자기 자신이 다른 사람보다 훌륭하며 월등히 낫다고 느끼는 감정현상입니다. 우월감은 자신의 열등감에 대한 방어적 수단으로 나타나는 경우가 많다고 합니다.

따라서 우월감이 높은 사람은 열등감도 높으며 열등감 속에는 우월감도 깔려 있습니다. 우월감으로 남을 얕보는 사람은 자기보다 우월한 사람에게는 심한 열등감을 느낍니다. 반대로 열등감이 심한 사람은 자기보다 못한 사람들에게는 강한 우월감을 나타냅니다. 빛이 강하면 그림자도 강한 이치와 같습니다.

우월감과 열등감은 '차별'에서 비롯된 건강하지 못한 감정현상입니다. 자긍심은 '평등'에서 비롯된 건강한 마음현상입니다. 자긍심이 높은 사람은 어떠한 환경 변화에도 더 잘 적응할 수 있습니다. 반면에 우월감이나 열등감이 강한 사람은 자기중심적 성향이 강한 사람들입니다. 따라서 이런 사람들은 환경 변화에 적응하기가 훨씬 더 어렵다고 합니다.

평생직장에서 물러나면 익숙했던 사회적 지위와 역할이 갑자기 사라집니다. 사장, 이사, 본부장, 부장, 대령, 중령, 서기관, 선생님, 팀장과 같은 이름의 완장을 벗어야 합니다. '이것이 나다.', '이 정도면 성공했다.'라는 우월감으로 지내다가 갑작스런 추락을 경험합니다. 우월감이 큰 사람일수록 자신과 완장을 동일시하려는 경향이 있습니다. 완장에 대한 우월감이 큰 사람의 내면에는 다른 사람의 완장에 대한 강한 열등감도 함께 도사리고 있습니다.

남의 부러움을 받을 정도로 잘 나가던 당신이 갑작스런 퇴직으로 백수가 되었다면 지인들은 어떤 반응을 보일까요? 평소에 당신을 부러워하고 칭찬했던 사람들이 진정으로 속상해서 가슴 아파할까요? 그런 사람도 있겠지요. 그러나 속으로는 오히려 좋아하는 사람들도 많습니다. 마음속으로만 좋아하지 않고 아예 겉으로 드러내는 사람도 있습니다.

한 가지 예를 들겠습니다. 당신은 좋은 직장에서 잘 나가는 높은 위치에 있다가 좀 이른 나이에 퇴직했습니다. 그런데 당신의 친구는 덜 좋은 직장에서 위치적으로도 당신보다 뒤처져 있습니다. 그는 임금피크제가 적용되는 50대 말의 평직원으로서, 아직 퇴직하지 않고 앞으로도 정년까지 몇 년을 더 버틸 수 있는 상태입니다.

퇴직해서 놀고 있는 당신에게, 그 친구가 묻습니다.

"요즘 백수 생활하기가 어때?"

그는 당신을 만날 때마다 걱정해 주는 척하며 되묻습니다.

"삼식이 노릇 할 만해? 아내가 밥은 잘 챙겨 줘?"

이런 상황이라면 어떤 느낌이 들겠습니까? 이런 대화에서도 평상심을 유지할 수 있나요? 아니면 곧바로 되받아쳐서 어떤 식으로든 화살을 날리나요? 이것은 다수의 퇴직자들이 실제로 경험했던 일을 간접적으로 옮긴 내용입니다. 저자도 이런 일로 마음이 상했던 적이 있었습니다. 그러나 지금은 이런 상황에서도 평상심을 완전히 유지할 수 있습니다. 오히려 웃으면서 상대방의 속마음을 헤아릴 수 있는 여유가 생겼습니다.

대화를 해 보면 상대방의 마음속에 오래된 열등감이 있다는 것을 새삼 알 수 있게 됩니다. 우월감과 열등감은 상황에 따라 언제든지 뒤섞이고 역전될 수 있는 일시적 감정현상에 불과합니다. 이런 부질없는 감정에 휘둘려서 화살을 날린다면 오히려 부메랑이 되어 자신에게 되돌아올 뿐입니다. 불리한 일이든 나쁜 일이든 그냥 있는 그대로의 사실을 산뜻하게 인정해 버리면, 신기하게도 마음이 편안해지고 새로운 에너지가 샘솟습니다.

'나'는 지금까지 열심히 살아왔고 앞으로도 열심히 살아갈 수 있는 그냥 '나'로서 만족합니다. 나는 백범 김구도 아니고 마하트마 간디도 아닙니다. 나는 '최주섭'입니다. 지난 시절의 완장이 '나'인 것도 아닙니다. 어떤 폼 나는 완장을 차야만 비로소 내가 되는 것도 아닙니다. 직책, 나이, 생김새, 인기, 가진 것의 많고 적음이 '나'인 것도 아닙니다. 이것들은 인연따라 변화해 갈 수 있는 조건이고 현상일 뿐입니다. '나'는 모든 존재와 연결되어 세상을 열고 있는 하나의 당당한 존재입니다. 삶의 변화를 있는 그대로 수용하면서 새로운 삶으로 전환해 나갈 수 있는 자긍심을 가진 존재라는 사실만으로도 행복합니다.

02

'명상'의
기본원리

명상冥想, meditation의 정의

명상은 몸과 마음의 가교 역할을 합니다. 명상은 '마음의 힘'뿐만 아니라 '몸의 힘'도 키워줍니다. 오늘날 많은 사람들이 명상을 통해 용기와 희망, 치유와 행복을 경험하고 있습니다. 명상은 그 목적과 방법에 따라서 다양하게 정의될 수 있습니다. 여기서는 명상 지도자들에 의한 대중적 차원의 정의를 소개합니다. 또한 '심신의 건강' 이라는 현대적 관점에서도 명상의 정의를 소개합니다.

명상은 사물의 본래 모습을 깊이 들여다보는 일이다. 명상은 흐르는 강물 속의 조약돌들, 강의 모든 굽이를 훤히 비추는 것이며 세세한 것들을 지켜보면서 깨어있는 것이다.

– 틱낫한

명상은 우리로 하여금 우리가 좋든 싫든 삶이라는 길 위에 있음을 깨닫게 하는 것이다. 명상은 우리의 삶의 길에 방향과 목적지가 있음을, 삶이 순간순간마다 늘 펼쳐지고 있음을, 그리고 지금의 순간이 다음 순간에 영향을 미친다는 것을 깨닫도록 도와준다.

－ 존 카밧진

명상의 궁극적 목표는 순수의식이다. 빛과 사랑과 지혜로 가득한 자신의 내면을 온전히 체험하는 것이다. 즉, 참된 자아의 마음을 체험하는 것이다. 명상 수행의 핵심적 과제는 삶이 주는 불확실성과 그로 인한 두려움을 어떻게 모면할 것인가가 아니라 '그 불편한 것들과 어떻게 사이좋게 지낼 것인가'이다.

－ 페마 초드론

명상이란 마음가짐을 새로이 하는 것이다. 본질을 꿰뚫고 사물의 관련성을 발견하고 주변을 바라보는 새로운 시각에 익숙해지는 것이다. 존재와 의식을 단련하는 새로운 존재 양식에 익숙해지는 것이다.

－ 마띠유 리카드

현대 대중명상에서는 명상에 대한 정의의 기준을 '심신의 건강'에 두고 의학적, 심리학적 관점으로 정의하는 것이 일반적입니다. 명상이란 기본적으로 호흡, 소리, 물건, 동작 혹은 주의注意에 초점을 두는 훈련입니다. 현재의 순간에 대한 알아차림을 증대시키고 스트레스를 줄이며 이완을 도모하고 정신적 성장을 강화하려는 훈련입니다. 이러한 관점에서의 명상에 대한 정의를 소개합니다.

명상은 주의집중과 알아차림에 초점을 둔 일군의 자기제어훈련을 가리키며, 목적은 정신작용을 적극적인 자발적 제어하에 두고, 그로써 정신적 행복감과 고요·명징·집중력과 같은 특별한 능력을 개발하는 것이다.

— Walsh & Shapiro

명상이란 몸과 마음을 스스로 제어하는 훈련으로, 특정한 주의대상에 의식을 집중함으로써 정신작용에 영향을 미치게 된다. 주의력의 제어는 많은 갈래의 명상기법들에 걸쳐 핵심적 공통요소이다.

— Cahn & Polich

명상은 정형화된 정신적 기법이다. 주관적 경험—종종 안락감, 고요, 고도의 각성, 지복감으로 묘사되는—을 획득하려는 목적으로 반복적으로 수행된다.

— Jevning et al.

'명상'이란
– 집중몰입과 알아차림통찰을 통한 일군一群의 마음훈련

- 명상이란 마음을 닦는cultivating 훈련입니다.
- 명상이란 마음을 강화하는enhancing 훈련입니다.
- 명상이란 마음을 길들이는training 훈련입니다.
- 명상이란 마음을 깨닫는realizing 훈련입니다.
- 명상이란 마음을 일으키는producing 훈련입니다.
- 명상이란 마음을 작용케 하는activating 훈련입니다.
- 명상이란 마음을 조절하는controlling 훈련입니다.
- 명상이란 마음을 극복하는overcoming 훈련입니다.
- 명상이란 마음을 전환하는transforming 훈련입니다.
- 명상이란 마음을 집중하는focusing 훈련입니다.
- 명상이란 마음을 수용하는accepting 훈련입니다.

명상의 효과

명상의 목적은 삶의 방식을 바꾸기 위한 것입니다. 삶은 온갖 종류의 느낌, 생각, 기억, 상상, 해석, 추측, 의지 등으로 가득 차 있으며 이들을 통칭하여 '마음'이라고 합니다. 삶의 방식을 바꾸려면 마음을 바꾸어야 합니다. 마음을 바꾸려면 마음현상에 대한 집중몰입과 알아차림^{통찰}이 필요합니다. 마음현상은 마치 소란스럽고 변화무쌍한 TV 화면과 같습니다. 몇 발짝 물러나서 멈춤의 상태로 집중하면 더 큰 전체상을 볼 수 있습니다.

명상은 고대의 종교 수행에서 시작되었습니다. 최근에는 자기 계발과 심리치료의 뛰어난 방법으로도 인정받고 있습니다. 서양에서는 이를 활용한 다양한 프로그램^{CFT, MSC, MBCT, MBSR 등}들이 대중적 인기를 끌고 있으며 병원의 치료 프로그램으로도 사용되고 있습니다. 기업들도 명상을 심신의 건강에 활용하고 있습니다. 애플, 구글, 나이키 등의 회사들은 명상 강좌를 개설하고 명상실도 마련했습니다. 스티브 잡스는 일생을 명상 수련회에 참가했다고 전해지며 부하 직원들로 하여금 매일 30분씩 명상을 하도록 권장했다고 합니다.

심리학, 뇌과학, 신경과학, 사회학적인 분야에서 명상의 효과를 검증한 연구 논문들은 국내외에 헤아릴 수 없이 많습니다. 다음은 신경정신과 의사인 전현수 박사가 말한 '명상의 열한 가지 이득' 중에서 요약한 것입니다.

① 신체적 정신적 고통을 크게 줄일 수 있다.
② 관찰적 자아^{自我}가 강해진다.

자아에는 경험하는 자아와 관찰적 자아가 있다. 경험하는 자아는 우리가 행동할 때 작용하는 자아이고 관찰적 자아는 경험하는 자신을 보는 자아이다. 관찰적 자아가 발달하면 행동을 하면서 자기가 뭘 하고 있는지를 알게 되어 잘못된 행동을 고친다. 명상을 하면 관찰적 자아가 강화되어 자기를 지켜보는 힘이 강해지며, 마음에 동요나 힘든 일이 있어도 불안으로 반응하지 않고 외부현상이나 자기 자신 내부를 있는 그대로 관찰하여 적절한 반응을 하게 된다.

③ 과거를 놓을 수 있다.

고통을 초래하는 과거의 반응을 현재에 맞는 적절한 반응으로 바꾸는 것이다. 인간은 어떤 면에서는 고도의 컴퓨터와 같다. 순간순간 자동으로 사고하고 움직인다. 명상은 우리 자신을 순간순간 업그레이드하는 것과 같다. 적절한 것은 유지하고 알맞지 않은 것은 순간순간 수정해서 효율성을 높이는 것이다.

④ 부정적 과거를 정화할 수 있다.

과거의 무지, 욕심, 미움이 더 이상 힘을 못 쓰게 한다. 올라오는 대로 그냥 지켜보면 나중에는 사라지며 과거가 정화된다. 우리 마음에서 일어나는 과거에 가졌던 무지, 욕심, 미움을 보면서 그것들이 더 이상 힘을 쓰지 못하게 한다.

⑤ 인과因果의 법칙을 깨달을 수 있다.

몸과 마음을 관찰해 보면 모든 것에는 원인이 있고 결과가 있음을 알게 된다. 현재를 받아들이지 못할 때 화와 원망이 있고, 남과 비교하여 정신적 안정을 잃는다. 인과의 법칙을 알면 무슨 일이 일어나든, 어떤 상태에 있든 현재를 받아들이고 지금의 내 행동이 앞으로 올 미래를 결정한다는 것을 알게 된다.

⑥ 반응이나 감정이 일어날 때, 일찍 그것을 알아차리고 다스릴 수 있다.

화가 났을 때 호흡에 집중하면 화가 가라앉는 것을 경험할 수 있고, 스스로 부정적 감정을 통제할 수 있다는 자신감이 생긴다. 어떤 반응이나 감정이든 초기에는 그 힘이 약해서 다스리기 쉽다. 그러나 그것이 마음속에 확고히 자리 잡은 후에는 힘이 강해져서 다스리기 어렵다.

⑦ 억압된 과거의 경험을 의식에서 다룰 수 있다.

무의식 속에서 우리를 힘들게 하는 과거 경험이 명상을 하거나 생활하는 가운데 떠올라서 그것을 다시 경험하고 해결할 수 있게 된다.

⑧ 뇌와 면역체계에 긍정적 변화가 온다.

fMRI와 최첨단 뇌파검사 결과 자비심, 사랑, 공감과 같은 긍정적 감정과 관련 있는 뇌의 전전두엽이 활성화되고 뇌의 여러 부위 간의 교통이 활성화된다.

⑨ 질병, 죽음에 대한 두려움이나 공포를 극복하게 된다.

내 몸과 마음이 내 것이 아니라는 것을 알고, 현재에 집중하고, 인과의 법칙을 깨달으면 죽음에 대한 공포는 많이 줄어들게 된다.

⑩ 인간관계에서 평정심을 유지하는 법을 배울 수 있다.

감정적으로 반응하지 않고 듣는 법을 배운다. 거슬리는 말을 듣거나 칭찬을 들을 때 화내거나 우쭐거리지 않고 편안하고 안정된 상태에서 그대로 듣게 된다.

예를 들어 단지 소리에 집중하는 명상을 함으로써 점차적으로 소리를 들었을 때 거기서 의미를 빼버리는 것을 배우게 된다. 그래서 어떤 말을 들었을 때 감정적으로 반응하지 않고 듣는 것을 배우게 된다.

⑪ **집중력이 강해진다.**

마음이 여러 대상으로 가지 않고 한 대상으로만 가는 훈련을 함으로써 무엇을 하든 그것에 집중하는 힘이 강해진다. 햇빛을 돋보기를 이용해 모으면 종이를 태울 수 있듯이 집중된 마음은 사물의 본질을 꿰뚫을 수 있다.

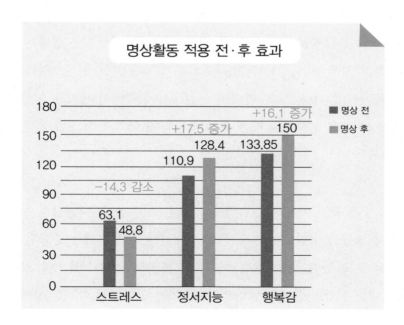

명상활동 적용 전·후 효과

호흡의 중요성과 방법

음식이 없어도 약 6주를 살 수 있고 마실 물이 없어도 며칠을 살 수 있지만 호흡이 없으면 단 몇 분도 버티지 못합니다. 우리는 이토록 소중한 호흡에 대하여 거의 무관심합니다. 산소를 잘 흡수하는 좋은 호흡을 하면 에너지 높임, 피로 줄임, 스트레스 해소, 면역력 강화, 집중력 제고, 마음의 평온 등에 좋은 효과가 있습니다.

성인이 숨을 한 번 들이쉴 때마다 보통 0.5리터의 공기를 흡입합니다. 이때 들이마시는 공기의 79%는 질소, 20%는 산소, 0.04%는 이산화탄소, 나머지는 기타 가스와 수증기입니다. 내쉬는 공기의 79%는 질소, 16%는 산소, 4%는 이산화탄소입니다. 이 수치를 비교해 보면 들숨과 날숨 사이에 약 4%의 산소와 이산화탄소가 상호 교환된 것을 확인할 수 있습니다. 폐에서 산소를 공급받은 혈액은 심장을 거쳐서 몸 전체로 퍼져 나감으로써 모든 세포에 산소와 영양분을 전달합니다. 그와 반대로 신진대사에 의해서 생기는 이산화탄소와 같은 노폐물은 폐를 통해서 날숨에 실려 몸 밖으로 배출됩니다.

호흡은 몸과 마음의 접점입니다. 모든 생각과 행동과 감정은 호흡에 영향을 미칩니다. 따라서 명상에서는 호흡을 매우 중요한 요소로 보고 있습니다. "호흡에 마음이 붙어서 놓치지 않으며, 호흡에 대한 현상을 분명히 알며, 호흡에 마음이 닿아서 확고한 상태에 이르는 것이 명상의 핵심 요건입니다. 이 상태가 되면 마음에 불순한 것이 들어올 수 없으며 마치 물속에 가라앉은 커다란 바위처럼 깊이 있는 마음챙김이 가능해집니다."

완전 호흡법

요가에서 사용하는 호흡법 중의 하나입니다. 명상을 준비하는 단계에서 간단히 활용할 수 있으며 폐를 청소하는 효과가 있습니다.

- 천천히 코로 숨을 쉽니다. 입으로 호흡하는 것은 마치 코로 밥을 먹는 것과 같음 코는 공기를 정화filtering 및 가온加溫하는 기능이 있습니다.

- 복식호흡으로 숨을 들이쉬어서 복부와 가슴과 목을 차례대로 채운 뒤에 잠시 멈춘 상태로 있습니다.

- 날숨은 들숨보다 길게 하여 부교감 신경을 활성화합니다.

- 호흡들숨과 날숨이라는 말뚝에다가 날뛰는 마음을 묶어둡니다.

- 평상시에는 1분에 보통 15-20회 정도 호흡하는데, 완전호흡 시는 1분에 5-7회 정도 호흡합니다 횟수를 무리하게 줄일 필요는 없음.

심 호흡법

- 등을 곧게 펴고 어깨에 힘을 빼고 자연스럽게 균형을 잡습니다. 가슴을 편안히 이완시키고 횡격막에 압력을 가하지 않음

- 가볍게 숨을 내쉰 후 코를 이용하여 천천히 숨을 들이마십니다.

- 점차 폐부에서 복강까지 신선한 공기가 가득 차는 것을 느낍니다.

- 자세를 유지하고 복부에 힘을 주며 들이마셨던 공기를 천천히 내뱉습니다.

교호 호흡법

- 손가락으로 오른쪽 콧구멍을 막은 상태에서 왼쪽 콧구멍만을 이용하여 5초 정도 숨을 들이마시고 5초 정도 숨을 내쉽니다.

- 이번에는 반대로 손가락으로 왼쪽 콧구멍을 막은 상태에서 오른쪽 콧구멍만을 이용하여 5초 정도 숨을 들이마시고 5초 정도 숨을 내쉽니다.

- 양쪽 콧구멍을 번갈아 가면서 10번 정도 반복합니다.

- 손가락을 뗀 상태에서 5초 정도 숨을 들이마시고 5초 정도 숨을 멈추었다가 5초 정도 숨을 내쉽니다.

※ 콧구멍 청소에 좋은 방법이며 막혔던 한쪽의 콧구멍이 자연스럽게 풀리는 변화를 경험하게 됩니다.

기본 호흡법

- 눈을 감고 호흡에 주의를 집중합니다.
- 두 손을 배꼽 위에 놓고 숨을 들이마실 때 횡격막이 밖을 향해 확장되는 것을 느낍니다. ·
- 다시 손을 가슴 앞으로 옮겨서 폐부가 확장되는 것을 느낍니다.
- 팔을 편안하게 펴고 천천히 숨을 내쉰 후에 다시 깊게 숨을 들이마십니다.
- 의도적으로 공기의 출입을 통제할 필요는 없습니다.
- 깊게 한번 숨을 들이마시고 1부터 4까지 숫자를 세는 동안 잠시 멈추었다가 계속해서 한숨을 쉬듯이 천천히 숨을 내쉽니다.
- 마지막 한 줌의 숨까지 모두 내뱉습니다.

명상의 마음가짐

눈을 감고 그냥 멍하니 앉아 있는 것이 명상이라고 생각하는 사람들도 있습니다. 명상은 실제로 그렇게 간단한 주제가 아닙니다. 명상을 통하여 마음의 평온감을 얻었다고 하더라도 그것은 일시적이고 부수적인 현상에 불과할 수 있습니다. 명상을 통해 얻을 수 있는 좋은 느낌에 집착하다가는 오히려 장기적으로 역효과가 초래될 수도 있습니다. 그러므로 명상을 하기 위해서는 올바른 마음가짐을 갖는 것이 중요합니다.

모든 괴로움은 현상을 있는 그대로 보지 못하는 잘못된 인식에서 생긴다. 명상을 통해 평화로워지려고 억지로 노력하면 내면으로부터 저항감이 생긴다. 명상을 처음하면 그런 것을 느낀다. 노력 자체도 하나의 억압이다. 우리의 느낌과 생각들은 강물처럼 흘러야 하며, 그 흐름을 관찰하며 따라가기만 하면 된다. 명상한다는 것은 문제와 싸운다는 뜻이 아니라 관찰한다는 뜻이다.

— 틱낫한

명상하다가 신비 체험을 할 수도 있다. 그것은 좋은 일도 나쁜 일도 아니다. 명상은 기분전환을 위한 것도 아니고 무언가를 뜯어고치려는 것도 아니다. 명상은 내가 가진 존재 방식 그대로 단순하게 직접 소통하는 것이다. 마음이 들뜨고 불안하고 방황할 때마다 '머무르라'며 부드럽게 달래고 다독거려라. '머무르라, 머무르라, 그저 지금 여기 머무르라.' 감정을 억누르는 수단으로 명상을 오용한다면 세월이 흘러도 헛수고일 뿐이다.

— 틱낫한

즐겁거나 불쾌한, 좋은, 나쁜, 명예롭지 못한 각각의 순간을 그대로 받아들이고 각 순간이 현재 존재하는 것이기 때문에 그것과 더불어서 있는 것이다. 어떤 것도 추구하거나 집착하거나 거절할 필요 없이, 지금 이 순간 완전히 존재하는 것에 안주할 때만 명상을 통한 고요함과 통찰력과 지혜가 일어난다.

- 존 카밧진

명상을 하며 노력해도 나는 왜 평화롭지 않은가? 평화를 추구하려 하지 마라. 평화를 명상이라는 외부에서 찾으려 하지 마라. 지금의 상태가 아닌 다른 상태를 추구하지 마라. 지금에 있지 않을 때 내면의 갈등을 겪고 무의식적으로 저항한다. 그냥 평화롭지 못한 자신을 용서하라. 스스로 평화롭지 못하다는 것을 완전히 인정하는 순간에 평화가 올 것이다. 완전한 수용은 내맡김의 기적인 것이다.

- 에크하르트 톨레

몇 시간의 명상으로 달라지지 않으며 긴 시간을 들여서 노력해야 한다. 용기와 인내를 발휘해 깊숙한 내면의 신경증을 바라보고 그것을 즐기고 축복하며 그 참모습을 받아들이는 것이다.

- 카루나케이턴

명상수행을 통해 일상의 괴로움을 모두 다 초월할 수 있으리라는 허황된 기대감을 갖지 말라.

- 페마초드론

명상의 마음가짐

① 느낌이나 생각을 억지로 누르거나 지우려고 하지 말아야 합니다.

② 알아차리는 마음에 탐욕, 성냄, 근심, 걱정이 없어야 합니다. 무엇을 얻거나 없애려는 것이 아니라 오직 깨어서 자각하는 것입니다.

③ 명상은 알아차리는 것과 아는 것을 그대로 다시 지켜보는 것이지, 생각하거나 후회하거나 판단하는 것이 아닙니다.

④ 명상은 좋은 것만 알아차리는 것이 아니라, 싫은 것이라고 하더라도 있는 그대로를 차분하게 알아차릴 수 있어야 합니다.

⑤ 생각 자체를 문제로 삼지 마십시오. 생각하지 말아야 하는 것이 아니라 어떤 생각을 하면 생각하고 있다는 것을 알아차리는 것입니다.

⑥ '어떤 마음으로 명상하고 있는가?'를 알아야 합니다. 올바른 동기를 가져야 하고, 체험하는 현상에 매몰되거나 집착하지 말아야 합니다.

⑦ 명상은 어떤 대상을 없애려는 것이 아니라, 대상^{현상} 때문에 일어난 번뇌를 있는 그대로 알아차리려는 것입니다.

⑧ 피곤하고 고통스럽고 무거운 상태에서는 명상할 수 없습니다. 긴장과 경직에서 벗어나 이완하되 방심하거나 게으르지 않아야 합니다.

⑨ 초보자는 바른 안내자의 도움을 받는 것이 필요합니다.

⑩ 생각을 끊어 내는 게 아니고 하나^{호흡 등}에 집중하면 생각이 흩어지고 사라집니다. 대상에 집중하는 것이지 멍때리고 있는 게 아닙니다.

전문단체 프로그램

많은 전문단체들이 명상프로그램을 운영하고 있습니다. 그들이 제공하는 프로그램은 매우 다양하며 민간자격증도 교부합니다. 지인 중에는 각종 단체의 명상프로그램을 옮겨 다니며 자격증 쇼핑을 하는 사람도 있습니다. 이와 같이 각종 명상 프로그램을 좇아 다니며 불필요한 자격증에 욕심을 내지 않도록 주의해야 합니다.

어떤 전문단체의 무슨 명상프로그램에 참여할 것인가를 결정하는 일은 신중해야 합니다. 언론 보도나 일부 체험자의 말에 의하면 사이비 종교단체 비슷한 방식으로 운영되는 경우도 있다고 합니다. 그러므로 일시적 좋은 느낌이나 그럴듯한 말에 현혹돼서 엉뚱한 방향으로 빠지지 않도록 처음부터 주의해야 합니다.

저자는 「동국대학교평생교육원http://bmclife.dongguk.edu」 또는 「한국명상지도자협회http://kamto.net」를 추천합니다. 이들 단체는 분야별 전문가들이 명상프로그램을 운영합니다. 특히 한국명상지도자협회는 명상프로그램을 직접 진행하기도 하고, 20개 이상의 산하 단체들이 각자의 고유 브랜드를 가지고 명상프로그램을 운영하기도 합니다.

책이나 온라인 강좌를 통해서 명상에 입문할 수도 있습니다. 이런 방법으로 명상을 시작했더라도 최소한 한 번은 전문단체가 진행하는 명상프로그램에 직접 참여해 보는 것이 좋습니다. 전문단체들의 명상프로그램은 일반적으로 8-10회기^{1회기당 약 2시간} 정도를 진행합니다. 한 번에 4박 5일 동안 집중수행의 방식으로 진행되는 경우도 있습니다.

명상을 독학에만 의존하는 것은 가능하지만 바람직한 것은 아닙니다. 지인 중에 명상의 달인이라고 자부하는 사람이 있습니다. 그 사람은 독학으로 명상을 익혔습니다. 그 사람은 한 번 앉으면 몇 시간씩 명상하며 무아지경의 행복감을 체험한다고 자랑합니다. 명상은 감각적 쾌락을 얻기 위한 수단이 아닙니다. 좋은 느낌이라는 것도 결국에는 일시적 현상에 불과할 수 있습니다. 좋은 느낌에 지나치게 탐착하면 일종의 중독현상이 발생될 수도 있습니다. 또한, 사회적 관계 단절, 나태한 생활습관과 같은 부작용도 발생할 수 있습니다.

명상지도를 직업으로 해 보려는 목적이 아니라면, 전문단체에 의한 명상프로그램 참가에 너무 많은 시간과 돈을 투자할 필요는 없습니다. 일상생활에서 너무 오랜 시간을 명상에 매달릴 필요도 없습니다. 명상의 기본원리를 충실히 이해한 후에 일상생활에 적용하는 습관을 기르는 것이 더 중요하고 실속 있는 수행방법입니다.
언제 어디서나 늘 깨어 있도록 명상을 생활화하면, 마음속에 행복의 씨앗을 뿌리는 것과 같습니다. 이렇게 뿌려진 씨앗들은 생각과 말을 변화시키며 행동과 습관을 바꾸게 됩니다. 또한 가치관을 변화시키며 결국 제2 인생을 행복과 성공으로 이끄는 촉매가 됩니다.

명상의 기본자세

독일 심리학자 미켈락Johannes Michalak은 광학모션캡쳐시스템을 이용하여 몸의 자세가 마음에 미치는 영향을 분석했습니다. 연구 결과 어깨를 움츠리고 목을 떨구고 몸을 기울이는 자세를 취하는 것만으로도 우울해졌다고 합니다. 단지 어깨를 활짝 펴는 것만으로도 더 행복하고 따뜻한 감정을 느낄 수 있었다고 합니다.

명상 자세에서 가장 중요한 것은 척추를 곧게 세우고 어깨를 활짝 펴고 목을 떨구지 않으며 몸이 기울어지지 않도록 똑바른 자세를 취하는 것입니다. 사람들은 자신이 똑바른 자세를 취하고 있다고 단정합니다. 그러나 실제로 거울을 보면 몸이 전체적으로 조금씩 기울어져 있거나 부자연스런 상태이거나 힘이 잔뜩 들어가 있음을 쉽게 확인할 수 있습니다.

똑바른 자세를 의식적으로 취하려는 과정에서 몸에 힘이 들어갑니다. 힘을 빼고 이완된 자연스런 상태를 유지합니다. 명상하는 동안에 올바른 자세를 흐트러짐 없이 유지하고 있는 것만으로도 정말로 쉬운 일이 아닙니다. 명상의 가장 일반적 자세는 앉은 상태로 있는 것입니다. 그러나 명상은 걷거나 서거나 누워있는 상태에서도 얼마든지 가능합니다.

앉는 자세

① 자신이 가장 편안한 자세로 좌복 위에 앉습니다.

- 결가부좌: 두 다리를 반대편 양쪽 대퇴부에 교차시켜 올려놓음
- 반가부좌: 한쪽 다리만 반대쪽 대퇴부에 올려놓음
- 일반적 자세 또는 무릎을 꿇고 앉음
- 의자에 앉을 때는 두 발을 방바닥에 댐

② 몸 전체를 가볍게 좌우로 흔들어 최대한 편안한 자세를 취합니다.

③ 척추와 어깨를 곧게 펴고 자연스런 곡선이 되도록 힘을 뺍니다.

④ 두 팔은 손바닥을 위로 향하여 힘을 빼고 무릎에 편히 놓습니다.

⑤ 눈은 힘을 뺀 채 살며시 감고 있습니다.

⑥ 턱은 목이 긴장하지 않는 범위까지 살짝 당기면서 힘을 뺍니다.

⑦ 얼굴과 턱관절 전체를 자연스러우면서도 편안하게 이완시킵니다.

⑧ 호흡은 평소대로 천천히 부드럽게 합니다.

⑨ 몸에 힘이 들어가 있는지를 알아차리고 긴장을 풀어줍니다.

⑩ 마음속의 채팅에 참여하지 말고, 미동도 없는 고요한 침묵 속에서 느낌과 감각을 관찰하며 흘려보냅니다.

걷는 자세

① 발을 조금 벌리고 똑바로 섭니다. 양손은 잡아도 되고 잡지 않아도 됩니다.

② 발바닥의 감각에 의식을 집중하며 체중의 압박감을 느껴봅니다.

③ 발을 천천히 들어 올린 후 마음속으로 '떨어졌다'라고 확인합니다.

④ 한 박자 기다린 후 발을 앞으로 이동하면서 발의 감각을 느낍니다.

⑤ 동작을 멈추고 마음속으로 '이동'이라고 확인합니다.

⑥ 발을 조용히 내리고 착지하는 순간에 발생하는 접촉감을 느낍니다.

⑦ 발바닥 전체가 바닥에 접촉하고 나면 마음속으로 '접촉'이라고 확인합니다.

⑧ 언어 확인을 하고 나면 마음은 자동으로 다음 동작을 준비합니다. 서두르지 말고 체중에 의해 실려 있는 발의 압박감을 느낍니다.

⑨ U턴을 할 때도 마음속으로 '돌았다'라고 확인합니다.

※ 압박→압박의 소멸→이동→접촉→압박→압박의 소멸로 감각이 계속 변화함을 관찰하는 것이 중요합니다.

※ 발의 움직임에 대하여 매번 언어 확인을 하는 이유는 알아차림이 리듬화 되는 것을 방지하기 위한 것입니다. 마음의 90%는 감각에 두고 10%는 언어 확인에 둡니다.

서는 자세

① 발을 어깨너비로 벌리고 똑바로 섭니다.

② 느낌이 강한 쪽 발바닥에 마음을 두어 감각의 변화를 관찰합니다.

③ 발끝과 뒤꿈치 중에서 강한 느낌이 드는 부분에 마음을 두어 감각의 변화를 관찰합니다.

④ 발뒤꿈치가 바닥에 닿아있는 감각을 느끼며 마음속으로 '접촉'이라고 확인합니다.

⑤ 압박감이 느껴지면 마음속으로 '압박'이라고 확인합니다.

⑥ 압박감이 변화하는 것을 느끼면 마음속으로 '찌릿찌릿', '욱신욱신'이라고 확인합니다.

※ 발이 움직이는가 정지하고 있는가의 차이일 뿐이며 기본적 방법은 걷는 자세와 같습니다.
※ 졸음이 와서 앉아있기가 어렵거나 배의 부름이나 꺼짐을 제대로 느끼지 못하는 경우에 '서서 하는 명상'이 좋습니다.

들숨날숨에 마음챙기기

명상의 가장 핵심적 요소는 알아차림^{마음챙김}입니다. 이것은 "표면에 떠 있는 마음챙김이 아니라 물속에 가라앉은 커다란 바위처럼 깊이 있는 마음챙김"을 말합니다. 알아차림의 대표적 방법은 들숨

날숨에 마음을 챙기는 수행법입니다. 『입출식념경入出息念經』은 이에 대하여 16단계로 자세히 가르치고 있습니다.

1단계	'긴 숨'을 알고 들이쉬고 내쉬리라	몸 알아차림
2단계	'짧은 숨'을 알고 들이쉬고 내쉬리라	
3단계	'숨의 모든 과정'을 경험하면서 들이쉬고 내쉬리라	
4단계	'몸의 반응'을 고요히 하면서 들이쉬고 내쉬리라 경안(輕安), 탈감(脫感), 가벼운 느낌	
5단계	'희열감'을 경험하면서 들이쉬고 내쉬리라 喜, 폭포수가 머리를 때리는 거친 즐거움	느낌 알아차림
6단계	'행복감'을 경험하면서 들이쉬고 내쉬리라 樂, 격렬한 즐거움이 가라앉음	
7단계	'마음의 작용'을 경험하면서 들이쉬고 내쉬리라 마음작용의 사례: 나태함이 에너지로 바뀜	
8단계	'마음의 작용'을 고요히 하면서 들이쉬고 내쉬리라 괴로운 일, 호수 앞의 추억 등도 사라짐 하나를 얻으면 다른 하나를 버리는 것	
9단계	'마음'을 경험하면서 숨을 들이쉬고 내쉬리라	마음 알아차림
10단계	'기뻐하는 마음'을 경험하면서 들이쉬고 내쉬리라 부정적 의식이 없는 즐거운 마음	
11단계	'집중된 마음'을 경험하면서 들이쉬고 내쉬리라 내가 대상이 됨, 꽃이 되고 풀이 되고	
12단계	'자유로운 마음'을 바라보면서 들이쉬고 내쉬리라 대상에 몰입되어 내가 없어짐, 사랑과 연민	
13단계	'모든 것은 변한다'라는 진리를 관찰하면서 들이쉬고 내쉬리라 고통을 다스리는 지혜	대상 현상 알아차림
14단계	'탐욕이 엷어짐'을 관찰하면서 들이쉬고 내쉬리라	
15단계	'탐욕의 소멸'을 관찰하면서 들이쉬고 내쉬리라 갈애, 번뇌가 꺼진 상태	
16단계	'놓아버림'을 관찰하면서 들이쉬고 내쉬리라 방관하지 않는 무관심	

위의 숲 과정을 완벽하게 체험하기는 쉽지 않습니다. 그러나 이것은 모든 명상의 핵심원리이므로 충실히 이해해 둘 필요가 있습니다. 오늘날에는 동서양의 수많은 명상 전문단체들에 의해서 다양한 이름의 대중명상들이 소개되어 있습니다.

<small>예: 알아차림명상, 마음챙김명상, 정좌명상, 호흡명상, 자기연민명상, 건포도명상, 강물명상, 산명상, 촛불명상, 의자명상, 람도명상, 걷기명상 등</small>

비록 똑같은 이름의 명상이라고 하더라도 프로그램의 방식과 내용은 전문단체별로 조금씩 다를 수 있습니다. 명상의 이름이 무엇으로 붙여져 있든 간에 그 핵심원리는 알아차림<small>마음챙김</small>입니다. 호흡에 집중하고<small>호흡 대신에 다른 대상물이나 현상에 집중할 수도 있지만, 이 경우에도 호흡은 여전히 중요함</small> 몸의 감각, 느낌, 생각, 대상<small>현상</small>을 관찰하면서 전체의 변화 과정을 있는 그대로 알아차리는 것입니다.

예를 들어 호흡명상은 숨이 들어오고 나가는 느낌에 집중하는 것입니다. 호흡을 가만히 지켜보고 있으면 마음이 편안해지고 안정감이 높아집니다. 호흡명상을 할 때 중요한 것은 숨을 들이쉬고 내쉴 때 인위적으로 길고 짧게 하거나 강하고 약하게 하면 안 된다는 것입니다. 호흡명상은 자연스런 호흡을 따라가면서 있는 그대로를 지켜보는 것입니다.

호흡이 제대로 느껴지지 않거나 숲여정을 따라가기가 힘들 수도 있습니다. 호흡에 집중한다는 것은 단순한 것 같지만 꾸준한 수련이 필요한 일입니다. 만약 이것이 어렵게 느껴지면 숫자를 활용해도 좋습니다. 숨을 들이쉬고 내쉴 때마다 마음속으로 하나부터 열까지 숫자를 세는 것입니다. 숨을 들이쉬고 내쉬면서 '하나', 다시 숨을 들이쉬고 내쉬면서 '둘', 이런 식으로 진행합니다. 숫자를 다 세었으면 다시 거꾸로 세면 됩니다. 숫자를 세는 도중에 잡념이 생겨서 어디까지 헤아렸는지를 놓쳤다면 다시 하나부터 시작합니다.

일상생활에서 때와 장소에 관계없이 짧은 순간이라도 호흡을 거머쥐고 집중하면서 알아차리는 습관을 길러보세요. 몸의 감각과 느낌, 생각을 있는 그대로 알아차리는 힘을 길러 보세요. 내면에서 '멈추고 알아차리는 힘'을 기르면 매 순간 감각적으로 출렁이는 욕망의 덫에 휘둘리지 않고 평상심을 유지할 수 있게 됩니다. 평상심은 행복에너지의 근원입니다.

호흡명상 연습

시작 타종

① 숨을 들이쉬고 내쉬면서 **'긴 숨'을 알아차립니다.**

- 어떤 의도나 생각을 개입해서 숨을 길고 짧게, 강하고 약하게
  조정하면 안 되고, 자연스런 호흡과 함께하며 그냥 따라감.

② 숨을 들이쉬고 **내쉬면서 '짧은 숨'을 알아차립니다.**

- 숨의 답답함, 막힘, 뚫림, 따뜻함, 시원함, 편안함, 고요함도
  알아차림.

③ 숨을 들이쉬며 **'들이쉬는 숨'을 처음부터 끝까지 따라갑니다.**

  숨을 내쉬며 **'내쉬는 숨'을 처음부터 끝까지 따라갑니다.**

- 고요해지고 미세해지고 사라지는 호흡의 숲 여정을 따라감.

- 들숨에 배가 부풀고, 날숨에 배가 꺼지는 현상도 알아차림.

④ 숨을 들이쉬며 **몸 전체의 반응을 알아차립니다.**

  숨을 내쉬며 **몸 전체의 반응을 알아차립니다.**

- 몸과 생각과 호흡은 서로 연결되어 있으며 이를 하나로 화해시킴.

- 긴장과 통증이 있는 부분들을 알아차림.

- 몸이 가벼워지는 현상을 알아차림.

- 어떤 생각이나 잡념이 들면 그 생각이나 잡념에 이름표를 붙
  이고 알아차리면서 지켜보면 그것은 사라짐.

종료 타종

자애慈愛명상

마음을 너그럽게 쓰는 수행법으로 자비희사의 네 가지가 있습니다. 이 중에서도 가장 중요하게 취급되는 것이 '자애명상'입니다.

慈: 모든 존재의 행복을 바람, 悲: 괴로움에서 벗어나라는 연민의 마음, 喜: 감사하고 더불어 기뻐하는 마음, 捨: 차별 없는 평정한 마음

"자애명상은 다른 사람들을 향해 자애를 가지고 자신의 마음을 개발하는 명상수행이며 자애는 사랑, 우호, 연민, 호감 등을 의미합니다. 다만 이것은 신의 은총과 같은 것이 아니라 스스로 수행을 통해서 닦고 개발한 것으로서 모든 존재가 다 행복하고 평안하기를 바라는 거룩하고 고결한 마음입니다."

자애명상은 사회적 유대감 제고, 긍정적 정서의 증진, 분노 조절 및 스트레스 감소 등에 좋은 효과가 있는 것으로 국내외 다수의 논문에서 입증되었습니다. 따라서 최근 서양에서는 Gilbert의 CFT Compassion Focused Therapy, Neff & Germer의 MSC Mindful Self - Compassion 등 다양한 자애명상 응용프로그램들이 인기를 끌고 있습니다.

자애명상은 갑작스런 정체성 상실과 관계 단절에 따르는 분노와 불안, 위축과 혼란 등의 부정적 심리현상이 있는 사람들에게 효과가 좋은 명상법입니다. 저자도 퇴직 후 수년간의 꾸준한 자애명상을 통하여 커다란 변화를 직접 체험한 바 있습니다. 자애명상에서

자애를 보내는 순서는 자기 자신 → 아주 좋아하거나 존경하는 사람 → 전혀 무관한 사람 → 원한 맺힌 사람의 순으로 해야 합니다. 이때 사용하는 정형구는 다음과 같습니다.

부디 내가, 누구가 행복하기를, 고통이 없기를 혹은

부디 내가, 누구가 원한이 없기를

부디 내가, 누구가 악의가 없기를

부디 내가, 누구가 근심이 없기를

부디 내가, 누구가 행복하게 살기를

자애명상 연습

시작 타종

눈을 감고… 몸을 편안하게 이완합니다.

숨을 깊이 들이마시고 내쉽니다. 몸과 마음을 그대로 지켜봅니다.

생각이나 감정이 일어나면 그냥 가만히 흘려보냅니다.

호흡에 마음을 챙기면서 마음속으로 따라 하세요.

'내가 다른 사람에게 몸과 말과 생각으로 잘못을 지었다면,

내가 평화롭고 행복하게 살 수 있도록 용서받기를 원합니다.'

'누군가가 나에게 몸과 말과 생각으로 잘못을 행했다면,

그들이 평화롭고 행복하게 살 수 있도록 그들을 용서합니다.'

나 자신에게 따뜻한 자애의 마음을 보내겠습니다.
숨을 들이마시고… 내쉬면서… 마음속으로 따라 하세요.

'부디 내가 고통이 없기를…. 부디 내가 행복하기를….'
분노심, 후회심, 수치심, 억울함의 감정들이 아직 남아 있나요?
그런 나에게 다시 한 번 따뜻한 자애의 마음을 보냅니다.
마음속으로 따라 하세요.

'부디 내가 고통이 없기를…. 부디 내가 행복하기를….'

사랑하는 가족이나 그리운 친구들의 모습을 떠올립니다.
그들이 지금 내 앞에 있다고 상상하시기 바랍니다.
숨을 내쉴 때마다 그들에게 행복이 전해진다고 생각하면서,
마음속으로 따라 하세요.

'부디 그들이 안락하고 행복하며, 고통에서 벗어나기를….'
'부디 그들이 안락하고 행복하며, 고통에서 벗어나기를….'

이제, 우주의 모든 생명에게 자애의 마음을 듬뿍 보냅니다.
마음속으로 따라 하세요.

'부디 생명 있는 모든 존재들이, 안락하고 행복하며 고통에서 벗어나기를….'

'부디 생명 있는 모든 존재들이 , 안락하고 행복하며 고통에서 벗어나기를….'

숨을 들이마시고 내쉬면서 마음속으로 따라 하세요.

'부디 우리가 있는 그대로의 사실을 받아들일 수 있기를….'

'부디 우리가 오고 가는 사건들에 의해서 방해받지 않기를….'

'부디 우리 모두가 행복하기를….'

종료 타종

알아차림 명상

'알아차림'은 마음수행의 핵심요소입니다. 따라서 제3장에서 더욱 자세하게 다루겠습니다. 여기서는 '알아차림 명상'이라는 일반적 이름이 붙여진 명상프로그램들이 전문단체별로 많다는 사실과 그 기본 내용 정도만을 소개합니다.

몸에 대한 알아차림은 몸의 어느 부분엉덩이, 손발가락, 발목, 종아리, 무릎, 허벅지, 목, 허리 등에서 통증이 일어나는지, 어떤 종류의 통증인지, 어떻게 변화되는지를 알아차리며 바라봅니다. 통증이 사라지면 다시 호흡으로 돌아옵니다. 통증은 가급적 참아야 하는데 견디기 힘들면 자세를 고쳐서 다시 시작합니다. 이때 몸의 감각에 집중하는 것보다는 호흡에 집중하면서 감각 현상을 알아차리는 것이 더 좋습니다.

느낌과 생각과 감정에 대한 알아차림은 그것에 의미를 부여하지 말고 마치 다른 사람을 쳐다보듯 가만히 바라봅니다. 어떤 느낌인지, 어떤 생각인지, 어떤 감정인지, 그리고 그것들이 어떻게 흘러가는지를 바라보며 알아차립니다. 그렇게 바라보고 있으면 그것들은 물결처럼 잦아들다가 이내 잠잠해집니다. 안개처럼 옅어지다가 이내 사라집니다. 느낌과 생각과 감정의 사라짐을 알아차리며 호흡으로 돌아갑니다. 이때 느낌과 생각과 감정에 집중하는 것보다 호흡에 집중하면서 그것들의 생겨남과 사라짐을 알아차리는 것이 더 좋습니다.

어떤 대상으로 인하여 호흡에 집중이 잘 안 되면 호흡에 집중하려는 의도를 멈추고 그 대상을 알아차리면서 가만히 바라봅니다. 그 대상을 의도적으로 없애려 하거나 유지하려 하거나 해석하려고 하지도 않습니다. 보이면 보이는 대로 들리면 들리는 대로 허용하면서 그것이 어떻게 변화해 가는지를 알아차리며 가만히 지켜보기만 합니다.

존 카밧진^{Jon Kabat-Zinn}은 세계적 명상지도자입니다. 그는 매사추세츠대학교 교수로서 1979년에 스트레스, 불안장애 등을 지닌 사람들을 위하여 '알아차림 명상'을 스트레스 의학에 응용하여 MBSR^{Mindfulness- Based Stress Reduction}이라는 프로그램을 만들었습니다. 현재 이 프로그램은 국내외의 병원 등에 보급되어 있습니다. 신체의 모든 감각에 대한 알아차림을 강조하는 8회기용 프로그램입니다. 이 중에 '정좌명상'이라고 이름 붙여진 프로그램의 일부 내용^{약간 다를 수도 있음}을 알아차림 명상의 한 가지 사례로 소개합니다.

알아차림 명상 연습

정좌명상 일부

시작 타종

몸을 고요히 하여 편안하고 안정된 자세로 앉습니다.
두 눈을 감고 명상을 시작하겠습니다.

눈과 얼굴의 긴장을 풀겠습니다. 어깨의 긴장을 풀고 손을 자연스럽게 편안한 자세로 둡니다.

숨을 들이쉬고 내쉬는 동안 콧속 감각에 집중하며 알아차립니다.
다른 생각에는 사로잡히지 않고 오직 콧속 감각에만 집중합니다.

들이쉬는 숨이 콧속으로 들어오는 느낌에서부터 아랫배가 위로 솟아 올라가는 느낌까지의 전 과정을 세밀하게 알아차림 합니다.

내쉬는 숨에 아랫배가 아래로 내려가는 느낌에서부터 코로 숨이 나가는 느낌까지의 전 과정을 세밀하게 알아차림 합니다.

잡념이 떠올라 내 마음이 동요하고 있다는 것을 알아차리면 마음을 다시 호흡으로 데리고 옵니다.

들숨과 날숨의 진행 과정을 세밀하게 알아차림하며 이때의 감각과 느낌을 알아차림 합니다.

마음이 다시 떠돌아다니는 현상은 자연스런 것입니다. 이것을 다시 호흡으로 되돌리고 여기서 느껴지는 감각에만 집중합니다.

이제, 호흡과 함께 느껴지는 감각에서 확대하여, 온몸에서 느껴지는 다른 신체 감각까지 두루 살펴봅니다.

엉덩이에서 느껴지는 신체의 감각에서부터 신체 모든 부위에서 느껴지는 감각들을 느껴봅니다. 반복해서 세밀하게 온몸의 느낌을 두루 관찰합니다.

이때 잡념이 떠오르면 호흡과 아랫배에 주의를 집중해 봅니다. 간지러움, 저림, 욱신거림, 차가움 등의 신체감각들이 불현듯이 나타나기도 합니다. 그럴 때는 그러한 감각에 이름을 붙이면서 마음을 열고 집중합니다.

간지러움, 저림, 욱신거림, 차가움 등의 이름을 붙이면서 어떤 일이 일어나는지 관찰합니다.

그 느낌과 함께 존재하면서 그것이 사라질 때까지 느껴봅니다. 다시 호흡으로 돌아옵니다.

이때 신체의 불편감에 대한 반응으로 위치를 옮기려는 마음이 일어나도, 움직이거나 다른 곳에 집중을 이동하지 않고 그 감각이 사라질 때까지 주의를 집중합니다길게.

호흡 감각과 신체 감각에만 마음을 챙깁니다. 마음의 문을 활짝 열어 마음에 넉넉한 공간을 마련하십시오.

편안하게 이완한 채 이곳에 나타났다 사라지는 모든 감각을 그저 바라봅니다.

이제 천천히 눈을 뜨고 몸을 좌우로 움직이며 마치겠습니다.

종료 타종

너는 자꾸 멀리만 가려느냐?
보라! 좋은 것이란 가까이에 있다.
다만 네가 잡을 줄을 알면
행복은 언제나 거기에 있나니….
– 괴테

Chapter III

세 가지
지혜

인지적 마음수행

[Briefing]

제3장은 '전개인지적 마음수행 부문의 단계'로서 제2 인생에서 반드시 새겨 두어야 할 '세 가지 지혜'에 대하여 이야기합니다.

마음수행은 인지적 방법과 체험적 방법을 병행해야 합니다. 인지적 방법이란 '앎'을 통하여 지혜를 키우는 것입니다. 체험적 방법이란 일상의 체험을 통하여 지혜가 삶의 방식으로 녹아들 수 있도록 하는 것입니다. 제3장은 인지적 방법의 마음수행에 관한 내용입니다.

～～～～～～～～～～～～～～～～～～～～～～～

제3장의 목적은

첫째. '세 가지 지혜'에 대한 실천적 참뜻과 원리 등을 이해하기 위한 것입니다.

둘째. 체험적 방법의 마음수행에 대한 이론적 근거를 미리 제공하기 위한 것입니다.

'지금 여기'에
집중하는 삶

행복 실험

심리학자 매트 킬링스워스Matt Killingsworth는 'trackyourhappiness. org'라는 이름의 사이트로 아이폰을 활용해서 행복을 실시간으로 검증했습니다. 하루 중 아무 때나 신호를 보내고 바로 직전의 순간 순간 경험에 대해서 질문을 던졌습니다. 1만 5천 명 이상으로부터 65만 건이 넘는 실시간 데이터를 모았습니다. 참가자들은 18세부터 80대 후반까지 다양한 연령층이었습니다. 수입이나 교육 수준도 각양각색이었고 결혼한 사람, 이혼한 사람, 사별한 사람이 다양하게 섞여 있었습니다. 80개국 이상의 국적을 가진 사람들로서 86개의 직업군에 해당되어 지역별·직업별로도 무차별적 분포를 나타냈습니다.

행복을 가져오는 것은 과연 무엇으로 밝혀졌을까요? 방대한 데이터들의 분석에 따르면 '딴생각Mind-wandering'을 하고 있을 때가 집중을 하고 있을 때보다 훨씬 더 행복감이 떨어지는 것으로 나타났다고 합니다. 예를 들어 출근하는 도중에 다른 생각을 하면서 출근하는 것보다 회사에 가는 일에만 집중할 때가 훨씬 더 행복했다는 결론입니다.

그 원인은 '딴생각'을 할 때는 일반적으로 별로 즐겁지 않은 것들에 대해서 집중하기 때문이라고 합니다. '딴생각'을 할 때는 주로 과거의 나쁜 기억이나 후회, 미래에 대한 걱정과 불안을 되새기는 경우가 많았습니다. 이 연구의 결론을 한마디로 요약하면 "행복이란 순간 순간의 경험과 밀접한 관련이 있다."라는 것입니다. 행복하려면 '딴생각Mind-wandering'을 하지 말고 '지금 여기'에 집중해야 한다는 것입니다.

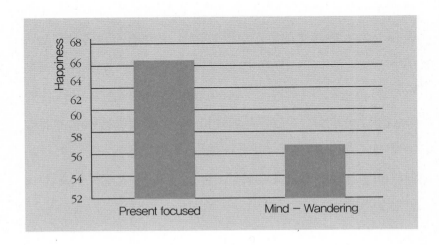

현인들의 '지금 여기'

'지금 여기'에 집중하는 것은 현재의 마음을 있는 그대로 알아차리는 것입니다. 이는 불교의 수행원리 중 하나이며 성경에도 상통하는 내용이 있습니다. '지금 여기'는 모든 주요 종교나 영적 가르침에서 공통으로 강조되는 행복의 핵심원리 중 하나입니다.

우리는 끊임없이 변화하는 존재입니다. 성인의 몸은 약 60조 개의 세포를 갖고 있으며, 매일 1,000만 개 이상이 죽고 나면서 매 순간 변화하고 있다고 합니다. 이 과정에서 과거의 기억들이 빠져나가고 새로운 기억들이 저장됩니다. 엄밀히 말하면 단 한 순간이라도 '똑같은 나'의 모습이 존재하지 않는 것과 같습니다.

따라서 매 순간을 '난생처음인 나'로 살고 있는 것입니다. 현재는 끝이 없는 '난생처음'들의 연결입니다. 과거는 이미 지나간 현재입니다. 미래는 아직 오지 않은 현재입니다. '지금 여기'의 삶이란 이미 지나갔거나 아직 오지 않은 시간에 머물러 있지 않는 것입니다. 그것은 끊임없이 샘솟고 있는 현재의 시간에 집중하는 삶입니다.

마음을 주제로 한 재미있는 연구들이 많습니다. 온종일 생각한 모든 것들을 그대로 옮겨 적고 며칠이 지난 후에 그 내용을 분석한 연구도 있습니다. 이 연구에 따르면 우리가 평소에 하는 생각의 약 80-90%는 과거 또는 미래와 관련이 있는 반복적이고 부질없으며 해로운 잡념에 불과한 것들이었다고 합니다.

'어떻게 하면 행복한 삶을 살 수 있을까?' 철학자나 심리학자나 종교인들에 이르기까지 수많은 현인들이 말한 행복의 비밀 중에 빠짐없이 등장하는 말이 '지금 여기'를 살라는 것입니다. 이에 관한 현인들의 가르침을 소개합니다.

우리는 자신의 육체와 마음속에서 투쟁하는 습관이 있다. 우리는 오직 미래에만 행복해질 수 있다고 믿는다. 나는 이미 도착했다는 사실을 깨닫는 것이 중요하다. 우리가 행복해지기 위한 조건은 이미 충분하다. 단지 '지금 여기'에 존재하기만 하면 된다. 마음의 평화는 '지금 여기'에 있다.

— 틱낫한

마음은 언제나 '지금 여기'를 부정하고 탈출하려 한다. '지금 여기'를 있는 그대로 받아들이고 존중할수록 고통으로부터, 번뇌로부터 자유로워진다. 과거에 기인하는 엄청난 양의 고통이 마음의 보호를 받으며 잔재로 남아있다. '지금 여기'를 삶의 구심점으로 삼으라. '지금 여기'에 저항하지 마라. '지금 여기'를 적이 아닌 동맹자로 삼으면 삶전체가 기적적으로 바뀔 것이다.

— 에크하르트 톨레

지나간 과거를 근심하지 말고 오지 않은 미래를 걱정하지 마라. 행복한 사람은 자신이 지금 가지고 있는 것에 초점을 맞추지만, 불행한 사람은 자신이 놓친 것에 초점을 맞춘다.

— 월호스님

생각은 과거와 미래 사이를 오간다. 즉, 근심과 두려움 사이를 오간다. 이 순간에 머무는 당신의 능력에 맞서 강렬한 근심이 도전해 온다. 이런 강렬함이 부서짐 단계의 특징이다. 이런 어려움을 느낄 때 당신이 할 일은 그저 이 순간으로 돌아오는 것이다. 이 순간에 머물기는 단순한 연습이 아니라 존재의 방식이다.

— 수전 앤더슨

행복은 늘 보던 것을 지금까지와 다른 눈으로 보는 것이다. 삶은 오직 '지금 여기', 이 순간에만 펼쳐진다. 우리는 언제나 '지금 여기'에 존재하고 있었음을 깨닫지 못한다. 우리는 '지금 여기'에서 충분히 좋은 것을 발견할 수 있다.

— 마크 윌리엄스

미래를 향해 마음을 달리고 과거를 돌아보며 근심 걱정하는 것은 마치 우박이 초목을 때리는 듯 어리석음의 불로 자신을 태우는 것이다.

— 『잡아함경』

지나간 것에 슬퍼하지 않고 오지 않은 것을 동경하지 않으며 현재
에 얻은 것으로만 삶을 영위하나니, 그들의 안색은 그래서 맑도다.
아직 오지 않은 것을 동경하는 자, 이미 지나간 것을 두고 슬퍼하는
자, 어리석은 그들은 시들어가나니 푸른 갈대 잘려서 시들어가듯.

— 『쌍윳따니까야』

현대심리학의 '지금 여기'

「게슈탈트 이론」은 최근에 주목받고 있는 심리학 이론으로서 '지
금 여기'의 중요성을 강조합니다. 우리가 '지금 여기'에 집중하는
것이 생각보다 쉽지 않은 이유는 무엇일까요? 또한 '지금 여기'에
집중하면 과연 더 행복해질 수 있는 걸까요? 이러한 문제들에 대하
여 게슈탈트 이론의 관점을 살펴보겠습니다.

게슈탈트Gestalt 이론은 1960년대에 창시자 펄스Fritz Perls에 의해서
급속히 보급되었습니다. 정신분석학자나 행동주의학자들은 사람
의 성격이나 행동을 어떤 설명 가능한 요소로 세분합니다. 이와는
달리 게슈탈트 이론은 인간의 총체적 기능을 강조합니다. 게슈탈
트는 전체Shape or form를 뜻하는 독일어입니다. 이 이론의 요지는 "인
간은 자신의 욕구나 감정을 하나의 '의미 있는 전체'로서 조직화하
여 지각한다."라는 것입니다.

이론의 토대인 중심개념은 전경前景, foreground과 배경背景, background

입니다. 어떤 대상을 인식할 때 관심이 있는 것은 지각의 중심인 '전경'으로 떠오르고, 관심 밖의 것은 '배경'이 됩니다. 건강한 사람은 자신에게 중요한 게슈탈트를 매 순간 선명하게 형성하여 '전경'으로 떠올리지만, 그렇지 못한 사람은 전경을 배경으로부터 명확히 구분해 내지 못합니다.

전경으로 떠올렸던 게슈탈트가 해소되면 배경으로 자연스럽게 사라집니다. 그리고 그 다음의 관심 대상이 전경으로 다시 떠오릅니다. 전경과 배경의 교체는 욕구와 환경적 요인에 의하여 자연스럽게 이루어집니다. 그런데 게슈탈트를 형성하지 못했거나 형성하기는 했는데 해소를 방해 받았을 때가 문제가 됩니다.

그러면 배경으로 사라지지도 못하고 전경으로 떠오르지도 못하게 됩니다. 따라서 중간층에 미해결 상태로 남아서 전경으로 떠오르려고 계속 시도합니다. '미해결 과제'는 해결을 계속 요구하면서 전경으로 떠오르려고 합니다. 결국 전경과 배경의 자연스런 교체를 방해하기 때문에 '지금 여기'에 적응하지 못하게 된다는 것입니다.

중간층에 머물러 있는 미해결 과제가 많을수록 자신의 욕구를 효과적으로 해소하는 데 실패합니다. 그리고 이것이 심리적·신체적 문제를 일으킬 수 있습니다. 미해결 과제는 끊임없이 전경으로 떠오르려고 하기 때문에 항상 '지금 여기'에 그 모습을 드러내고 있습니다. 따라서 미해결 과제를 해결할 수 있는 방법은 '지금 여기'를 회피하지 않고 '알아차림'을 하는 것입니다. 이 이론에 의하면 "지금 여기에 모든 것이 명백하게 드러나고 있다."라고 합니다.

이와 같이 게슈탈트 이론은 '지금 여기'의 중요성을 강조하면서 '알아차림'을 가장 핵심적 해결책으로 제시했습니다.

■ '딴생각'의 이유

'딴생각'에 자주 빠진다는 것은 게슈탈트를 매 순간 분명하고 강하게 형성하지 못하고 있다는 의미입니다. 번뇌 망상에 사로 잡혀서 보이는 것만 보이고 들리는 것만 들리는 것입니다. 즉, '전경'과 '배경'의 교체가 자연스럽게 이루어지지 못하고 있는 것입니다. 이는 '미해결 과제'들에 대한 느낌이나 감정을 있는 그대로 수용하지 못하고 이를 회피하거나 억압하거나 집착하기 때문입니다. 따라서 이미 사라졌어야 할 '배경'에 오랫동안 붙잡혀 살고 있는 것입니다. 전경과 배경의 중간층에 있다가 현재로 떠오르려 하는 '미해결 과제'들을 알아차림을 통하여 제대로 해결해 내지 못하고 있는 것입니다.

■ '지금 여기'의 삶

'지금 여기'에 머문다는 것은 아무 생각 없이 멍 때리고 있다는 소극적 의미는 아닙니다. 이는 분명한 게슈탈트를 매 순간의 전경으로 올려놓고 이것에 집중하면서 현재를 충만하게 살아간다는 적극적 의미입니다. 또한, '지금 여기'에 떠오르려는 '미해결과제'들을 회피하거나 억압하지 않고 있는 그대로 직면^{수용}한다는 것입니다. '알아차림'을 통하여 미해결과제를 그때그때 해결할 수 있는 것입니다. 이렇게 되면 전경과 배경의 건강한 교체가 매 순간 일어나서 역동적 삶을 살아갈 수 있게 됩니다.

'빛나는 일상日常'으로

며칠 전에 학창시절 친구들과 정기모임을 가졌습니다. 어느덧 60살 전후가 되어 직장에서 대부분 퇴직했습니다. 술자리에서 주고받는 대화의 주제도 젊을 때와는 크게 달라졌습니다. '건강문제' 그리고 '앞으로 무엇을 하면서 제2 인생을 살아갈까?'에 대한 내용이 주를 이뤘습니다. "나이 들수록 건강이 최고다."라는 말에는 완전히 공감합니다. 그러나 '제2 인생을 살아가는 삶의 방식'에 대한 친구들의 견해에는 공감할 수 없었습니다.

몇몇 친구들이 이렇게 힘주어 말했습니다. "퇴직하고 집에 있어봐라, 정말 죽을 지경이다. 일이 있든 없든 아침에 눈을 뜨면 집에서는 일단 무조건 나가야 한다." 새로운 사회적 역할을 찾아서 일을 하고 돈을 버는 것은 당연한 것이고 현실적으로 중요한 일입니다. 그렇지만 수십 년을 직장인으로 일하고 퇴직한 경우라면, 다시 돈벌이에만 매달리려는 것보다 평범한 일상을 대하는 '삶의 방식'부터 바꾸려는 노력이 우선적으로 필요하다고 생각합니다.

저자도 직장생활을 마치고 3년 이상 실업 상태에 있었습니다. 힘든 것도 있지만 좋은 점도 있었습니다. 일상을 전혀 다른 방식으로 대하니까 오히려 색다른 행복을 맛볼 수 있었습니다. 예를 들어 직장에 다닐 때는 설거지나 빨래 널기 등 가사를 전혀 돕지 않았습니다. 그런데 지금은 그것을 자발적으로 하고 있습니다. 아내를 도와주는 게 아니라 자진해서 즐겁게 나서고 있습니다. 만약 이런 행동을 자존심 차원에서만 바라본다면 정말 죽을 지경이 되겠지요.

평생직장에서 물러나고 제2 인생을 시작한다는 것은 인생의 대전환기에 들어섰다는 것입니다. 대전환기의 특징이 무엇입니까? 익숙한 삶의 방식을 놓아버리고 새로운 삶의 방식을 받아들여야 하는 것입니다. 익숙하고 편리하고 오래된 것들을 내려놓고 새로운 것으로 바꾼다는 것은 말처럼 그렇게 쉽지 않습니다. 그러므로 마음수행이 꼭 필요합니다. 대전환기에는 과거와 미래의 신호들이 동시에 뒤섞이면서 불안하고 속상할 때도 많습니다. 그러나 어린 시절에 사춘기를 거쳐야만 성년이 될 수 있었듯이, 이제는 대전환기라는 중간지대를 다시 통과해야만 새로운 제2 인생을 시작할 수 있게 됩니다.

저자가 체험을 바탕으로 퇴직자 여러분께 진심으로 조언드립니다. 퇴직 후 '삶의 방식'을 확 바꿔 보세요. 가장 좋은 방법은 '빛나는 일상'으로 돌아가는 것입니다. 제2 인생의 행복은 평범한 일상을 지금까지와는 전혀 다른 눈으로 바라보는 데서 시작할 수 있습니다. 일상을 '지루하고, 무의미하고, 답답하고, 자존심 상하고, 눈 뜨면 무조건 탈출해야 하는 것'으로 자조적으로 해석하지 마세요. 많은 선배 퇴직자들이 마치 검증된 비밀을 알려 주는 것처럼 술자리에서 그런 식으로 말하기 일쑤입니다. 그것이 마치 확실한 정답이라도 되는 양 맞장구치고 아무 생각 없이 받아들이지 마세요. 오후의 인생은 오전의 인생과는 작동원리 자체가 다릅니다. '오전의 삶의 방식'을 '오후의 삶의 방식'에 그대로 적용해서 끌고 가려는 생각부터 바꿔 보세요. 밀물처럼 밀려오는 총체적 변화들을 수용하는 과정에서 '오래된 삶의 방식'을 과감하게 해체하고 '새로운 삶의 방식'으로 환골탈태하는 체험을 해 보세요.

'변화'를
수용하는 삶

제행무상諸行無常의 진리

호스피스 운동의 선구자로서 죽음 연구에 일생을 바친 엘리자베스 퀴블러로스Elizabeth Kubler-Ross, 1926-2004는 "오늘 우리가 불행한 이유는 삶의 복잡성 때문이 아니라, 그 밑바닥에 흐르는 단순한 진리들을 놓치고 있기 때문이다."라는 말을 남겼습니다.

제2 인생에서 놓치지 말고 마음에 새겨야 할 가장 중요한 진리는 "모든 것은 변한다諸行無常."라는 것입니다. 오늘날 자연과학자들도 "원자에서 우주에 이르기까지 물리적, 화학적으로 순간마다 변하지 않는 것은 없으며, 모든 존재 현상이 항상 변화상태에 있다."라고 밝히고 있습니다. 세상의 무엇이든지 이 진리로부터 예외일 수 없습니다. 이 말의 실천적 참뜻은 무엇일까요? "변화하는 일시적 현상을 마치 변치 않는 고정된 실체인 양 집착해서 들러붙지 말고, 있는 그대로 수용해야 한다."라는 것입니다. 그렇게 하면 고통과 불행에서 벗어날 수 있다는 것으로서 심리치유의 일반원리입니다.

"모든 것은 변한다!" 단순한 진리 같지만 진정으로 받아들이면서 놓치지 않고 살아가기는 쉽지 않습니다. 머리로는 이해되지만 일상에서는 까맣게 잊고 살기 일쑤입니다. 우리가 숨 쉬는 공간에 공기가 꽉 차 있는데도 느끼지 못하는 것과 같은 이치입니다. 이는 언제 어디서나 누구에게나 작동되는 엄연한 진리임에도 불구하고, 이를 그대로 받아들이지 못해서 늘 고통과 함께 살아갑니다.

이 진리는 부처님의 깨달음에서 비롯되었습니다. "만들어진 모든 것은 시작이 있고 끝이 있다. 생멸할 수밖에 없는 존재 현상의 특징이 무상이다."라는 것입니다. 무상을 허무와 동일한 것으로 완전히 오해하는 사람들이 의외로 많습니다. 무상은 '항상常 불변인 상태에 그대로 머물러 있는 것은 없다無.' 즉, "모든 것은 변한다."라는 뜻입니다. 이 진리가 우리의 삶에 내재되어 있지 않다면 불행한 사람은 계속 불행할 것이고 행복한 사람은 계속 행복할 것입니다. 모든 것은 변하기 때문에 누구에게나 어떤 가능성도 열려 있습니다.

삶은 그야말로 오르막과 내리막의 반복이며 성장과 쇠퇴의 모음입니다. 우리는 삶을 원하는 방향으로만 변함없이 고정시킬 수 없습니다. 우리는 변화야말로 모든 존재의 특징이라는 진리를 수용해야만 합니다. 총체적 변화가 밀물처럼 몰려오는 은퇴전환기에는 더욱 그렇습니다. 오전 인생이 돈, 명예, 지위 등의 외적 조건을 채우는데 치중된 삶이었다면, 오후 인생은 그것들을 비우면서 내면을 채워야 하는 방향으로 급격히 변화될 것입니다.

제2 인생은 침체로부터 시작됩니다. 침체현상을 있는 그대로 허락하고 수용할 수 있는 '내면의 힘'이 필요한 때입니다. 수용이란 '있는 그대로의 진실한 받아들임'을 말합니다. 좋은 느낌에 대한 '집착으로서의 받아들임' 또는 좋지 않은 느낌에 대한 '체념으로서의 받아들임'은 수용이 아닙니다. 체념은 변화를 직면하지 않고 회피하거나 억누르는 것으로써 심리학에서는 방어기제의 일종으로 분류합니다. 수용은 변화를 있는 그대로 직면하면서 그 이면에 존재하는 긍정적 면을 찾아 기쁨과 활력을 되찾고 새로운 가능성을 열어 가는 것입니다.

"무상의 진리를 체득한 사람은 현실이 아무리 어려워도 비관하지 않습니다. 어려움을 극복하면 행복이 온다는 희망의 삶을 살기 때문입니다. 무상을 있는 그대로 받아들이면 삶이 훨씬 더 역동적으로 변합니다." 그 진리의 밑바탕에 참다운 삶, 가치 있는 삶을 살기 위한 참뜻이 깔려 있기 때문입니다. "모든 것은 변한다."라는 진리

를 진정으로 마음 굽혀 수용하면 더욱 진지하고 근본적인 자기성
찰을 할 수 있게 됩니다.

변화 수용의 교훈

여자 역도 국가대표인 장미란 선수는 2008년 베이징올림픽에서
2위와 압도적 실력 차이 2위와 49kg 차이로 금메달을 목에 걸었습니다. 그
러나 마지막 올림픽 무대였던 2012년 런던올림픽에서는 노메달인
4위에 그쳤습니다. 그녀는 메달이 좌절되자 한쪽 무릎을 꿇고 손바
닥으로 바벨을 어루만지며 감사의 기도를 올린 후에 무대를 내려
왔습니다. 무대 아래에서 다음과 같은 소감을 남겼다고 합니다.

역도는 역시 정직한 운동입니다. 연습 때만큼 했습니다. 내게 선수
생활의 마지막이 다가오고 있다는 걸 깨달았습니다. 세월이 흘러서
어쩔 수 없이 생긴 현실을 있는 그대로 받아들이니까 마음이 편해졌
습니다.

장미란 선수가 실수했기 때문에 4위를 한 것이 아니었습니다. 연
습할 때만큼의 실력을 충분히 발휘했는데도 그런 결과가 나온 것
입니다. 그녀는 세월의 흐름 속에서 생긴 어쩔 수 없는 변화를 회피
하거나 억압하지 않았습니다. 최선을 다하되 어쩔 수 없는 변화를
있는 그대로 수용하는 모습이 인상 깊었습니다.

국가대표 선수로서 메달을 못 따고 은퇴하는 상황은 실망스러웠을 것입니다. 그러나 무상의 진리에 진정으로 마음 굽히는 자세에서 새로운 가능성을 보았습니다. 그 후 장미란 선수는 선수 시절보다 50kg이나 감량한 모습으로 멋진 사회활동을 하고 있습니다. 비영리 재단을 만들어 사회봉사 활동을 하고 있습니다. 선수 시절 국민에게 받았던 무한한 사랑을 사회에 되돌려 주고 있습니다. 무상의 이면에 존재하는 긍정적 면을 찾아서 다시 기쁨과 활력이 넘치는 역동적 삶을 살고 있는 것입니다.

피겨 영웅 김연아 선수도 마찬가지입니다. 2014년 러시아 소치에서 열린 제22회 동계올림픽에서 완벽한 연기를 펼쳤습니다. 그러나 개최국 선수인 소트니코바에게 밀려 은메달에 만족하며 17년 피겨 선수 생활을 마감했습니다. 당시 TV를 보던 저자도 일방적 판정에 끓어오르는 분노를 참지 못했는데, 그 어린 영웅은 오히려 해맑게 웃었습니다.

금메달, 은메달 그런 것보다도, 그냥 '나'라는 선수가 있었음을 알아주는 것만으로도 만족합니다. 판정은 심판들이 하는 거고요. 금메달에는 미련이 없어요. 나보다 더 간절한 사람에게 간 거예요. 모든 짐을 내려놨다는 것으로 나는 행복합니다.

영웅으로서의 선수생활을 끝내고 담담하게 물러나는 모습이 아름다뒀습니다. 억울하겠지만 지나치게 집착하여 들러붙지 않는 담담한 모습도 자랑스러웠습니다. 어쩔 수 없는 변화를 있는 그대로 수용하는 성숙한 모습을 보면서 힘찬 박수를 보냈습니다.

인연因緣의 진리

제2 인생에서 놓치지 않고 마음속에 꼭 새겨야 할 또 하나의 진리는 '인연'입니다. 인因은 직접적 원인이고 연緣은 간접적 원인입니다. 콩이라는 식물을 예로 들면 씨앗인 콩알이 직접적 원인으로 '인'입니다. 땅·햇볕·바람·공기·온도·농부의 손길 등은 간접적 원인으로 '연'입니다. 이렇게 인과 연이 결합해서 콩이라는 식물이 생깁니다. 그 식물은 또 다른 연緣들을 계속 만나면서 자라나고 변하다가 씨앗이라는 또다른 인因을 남기며 사라집니다.

무상의 진리는 존재의 특성에 관한 것입니다. 인연의 진리는 존재의 형성에 관한 것입니다. 존재의 특성과 형성에 관한 진리를 하나로 묶으면 "모든 것은 인연 따라 변한다."라는 것입니다. 세계적 명상 지도자 틱낫한은 인연의 진리에 대하여 촛불의 비유를 들어 다음과 같이 설명했습니다.

우리가 성냥을 그으면 불꽃이 나타나 타오르고
그 불꽃을 초에 옮기면 촛불이 나타나겠지요.

촛불에게 물어봅니다.

"불꽃님, 당신은 어디서 오셨나요?"

불꽃은 이렇게 말하겠지요.

"저는 어디에서도 오지 않고 어디로도 가지 않습니다."

나타날 조건이 충분하면 모습을 드러낼 뿐이지요.

이것이 오고 감이 없는 본성의 진리입니다.

"이것이 있으므로 저것이 있고, 이것이 생기므로 저것이 생긴다. 이것이 없으면 저것도 없고 이것이 사라지면 저것도 사라진다."라는 뜻입니다. "모든 존재 현상들이 연결로 이루어졌으며 그 연결선 상에서 역동적으로 흘러가고 있다."라는 것입니다. 원인 없는 결과는 없으며 노력한 만큼 결실을 거둔다는 뜻으로도 이해할 수 있습니다. 따라서 우리는 일상에서 좋은 인연의 씨앗을 심으며 살아갈 수 있도록 노력해야 합니다.

인연의 진리를 제대로 알면 이것을 삶의 지표로써 활용할 수 있습니다. 삶의 중심을 '나'에게만 두고서 탐욕과 분노와 어리석음을 채우려 하지 않게 됩니다. 고통은 나를 중심으로 한 탐욕과 분노와 어리석음 때문에 발생됩니다. 모든 존재는 인연의 끈으로 연결되어 서로에게 영향을 미치며 변화하는 상호의존 관계입니다. 오직 나에게만 삶의 중심을 맞추는 것은 인연의 진리를 거스르는 삶의 방식입니다.

일방적 자아관념을 허무는 방식으로 살아가는 것이 인연의 진리에 맞는 가치관입니다. 인연의 진리를 진정으로 받아들이면 나와 연결된 모든 존재에게 감사와 사랑의 마음을 가질 수 있게 됩니다. 이런 삶의 방식으로 살아간다면 사소한 일상 속에서도 충만한 기쁨을 누릴 수 있습니다. 모든 것들이 나와 연결되어 있는 소중한 존재라는 사실을 진정으로 수용하면 삶의 방식이 바뀝니다. 오래된 습관과 가치관도 바꿀 수 있습니다.

인연의 교훈

시한부 삶을 사는 사람들은 '무상'을 철저히 느끼면서 삶에 대하여 진지하고 간절해진다고 합니다. "이 병만 나으면 정말로 다른 방식의 삶을 살겠다."라고 다짐합니다. 삶의 커다란 굴곡을 체험하면서 지혜의 생생한 매듭이 생겨난 것입니다.

사랑하는 가족이나 친구나 이웃의 갑작스런 죽음과 맞닥뜨릴 때, 우리는 '무상'의 진리를 새삼 느낍니다. '건강이 최고다.' '건강한 몸으로 숨 쉬고 살아있는 것만으로도 감사할 따름이다.' '죽으면 다 소용 없는데 너무 욕심낼 것 없다.' '앞으로는 내가 원하는 삶을 살겠다.' 이런 식으로 근본적 자기성찰의 기회를 갖게 됩니다.

그러나 장례식을 치르고 돌아서면 언제 그랬냐는 듯이 까맣게 잊어버리기 일쑤입니다. 이와 같은 성찰의 물거품 현상은 왜 일어나는 걸까요? 우리는 카톡방이나 문자 등을 통하여 제2 인생에 관한 많은 지혜를 주고 받습니다. 그러나 그것들이 삶의 지침으로서 마음속에 지속적으로 살아 남지는 못합니다. 지혜를 접하는 짧은 순간만 그럴듯하게 느껴지다가 이내 사라질 뿐입니다. 지식 차원의 '앎'만으로는 삶의 방식을 바꾸지 못합니다. 머리로써 이해한 것을 가슴으로써 실천할 수 있을 때 비로소 살아있는 지혜로 뿌리내릴 수 있게 됩니다.

호주에서 말기 환자들을 돌보는 간호사로 일했던 브로니 웨어는 수백 명의 환자들이 삶의 끝자락에서 남긴 교훈을 『내가 원하는 삶을 살았더라면』이라는 책으로 펴냈습니다. 죽음을 눈앞에 둔 사람들이 지난날 자신의 삶에 대하여 가장 많이 후회했던 다섯 가지는 다음과 같았다고 합니다.

1위 : 다른 사람이 아닌, 내가 원하는 삶을 살았더라면…….

2위 : 내가 그렇게 열심히 일하지 않았더라면…….

3위 : 내 감정을 표현할 용기가 있었더라면…….

4위 : 친구들과 계속 연락하고 지냈더라면…….

5위 : 나 자신에게 더 많은 행복을 허락했더라면…….

우리는 언젠가는 죽지만 영원히 살 것처럼 죽음에 대한 인식이 없습니다. 그러나 인생의 오후에는 질병과 죽음이 점점 더 현실감

있게 다가옵니다. "모든 것은 인연 따라 변한다."라는 진리를 진정
으로 마음 굽혀 받아들여 보세요. '나이 듦'과 '병 듦'과 '죽음'이라는
시간적 변화에서 생기는 고통과 집착으로부터 한층 더 가벼워질
수 있습니다.

몸과 마음의 모든 변화는 인과 연의 뿌리와 연결되어 있습니다.
이를 있는 그대로 알아차리고 수용하지 못할 때 화와 원망이 생기
고 정신적 안정감을 잃습니다. 인연의 진리를 따른다면 '지금 여기'
에서 무슨 일이 일어나든 어떤 상태에 있든 받아들일 수 있습니다.
'지금 여기'의 생각과 행동이 미래를 결정하게 된다는 점도 알 수
있습니다.

60대 초반의 어느 존경하는 선배가 작년 말에 암으로 세상을 떠
났습니다. 암 진단을 받고 불과 6개월 만의 일이었습니다. 병상에
서 소리 없이 눈물 흘리던 모습이 아직도 생생합니다. 고인이 병상
에서 저자에게 보냈던 문자 메시지도 아직 지우지 않았습니다.

"난 하루하루 센 놈과 투쟁 중이네. 제발 아프지 마시게나.
난 올가을에 아주 혹독한 시련 중이라네."

선배는 나이에 비해 훨씬 젊고 멋진 삶을 살았습니다. 저자는 선
배와 특별히 친한 사이였으므로 그 충격이 컸습니다. 선배의 죽음

에 대하여 임의로 판단할 수는 없습니다. 다만 암 진단을 받은 후에 왜 그렇게도 빨리 끝났는지에 대하여 인연^{직간접 원인}의 관점에서 생각해 보았습니다. 병을 인연의 관점에서 좀 더 이완된 마음으로 대할 수 있었다면 결과가 다르지 않았을까 하는 아쉬움도 남습니다.

암에 대한 심리적 저항이 강하면 강할수록 공포, 분노, 불안의 부정적 감정도 더 커질 수밖에 없습니다. "공포, 분노, 불안의 부정적 감정 상태가 지속되면 감정의 뇌인 변연계를 통해서 교감신경이 활성화되고 스트레스 호르몬이 계속 분비된다."라고 합니다. 이런 상태에서는 암세포도 더 잘 퍼져나간다는 것이 의학적으로 증명되었다고 합니다. 선배도 이와 같은 악순환 과정을 거치면서 더 강한 2차 화살을 받았을 것으로 추정됩니다.

말기 암 선고를 받은 사람이 산촌으로 들어가 살면서 암을 완치했다는 이야기를 직접 들은 적이 있습니다. 저자는 이것이 의학적으로 어떤 근거가 있는지는 모르겠습니다. 다만 몸과 마음의 관련성이라는 관점에서 볼 때 '내면의 힘'이 암의 치료에도 좋은 영향을 미치지 않았을까 생각합니다.

암세포의 존재라는 '지금 여기'의 현실을 어떻게 대할 것인가? 상시 투쟁의 대상으로서 마주 설 것인가? 아니면 일단 공존의 대상으로서 수용할 것인가? 하필이면 재수 없이 찾아온 '쎈 놈'으로서 인

식할 것인가? 인연 따라 발생하고 변할 수 있는 '현상'으로서 인식
할 것인가? 선배가 치료를 받는 중에 이런 문제에 대하여 진지한 대
화를 갖지 못했던 일이 후회로 남아 있습니다.

03

'알아차림'으로
깨어있는 삶

의미와 중요성

우리는 어떤 생각이나 개념 또는 이미지로써 존재할 때가 많습니다. 그러나 그것들은 우리의 본성이 아닙니다. 본성으로 존재하기 위한 방법은 매 순간의 경험과 함께하는 것입니다. 우리의 몸과 마음은 매 순간의 경험과 함께하고 있습니다. 매 순간의 경험은 항상 자신을 드러내고 있다는 점에서 자신의 본성과 연결되어 있다고 합니다. 알아차림은 순간순간의 경험을 있는 그대로 바라보고 맛보고 듣고 냄새 맡고 느끼면서 허용하는 것입니다. 깨어있는 알아차림을 통하여 자신의 본성으로서 존재할 수 있다고 합니다.

'알아차림'은 마음수행의 핵심요소입니다. 삶 속에서 왜곡되고 부패

된 생각 쓰레기들을 청소하고 예방할 수 있는 가장 효율적 방법은 '알아차림'을 생활화하는 것입니다. 따라서 '알아차림'의 의미, 배경, 원리 등을 정확히 이해할 필요성이 있습니다. 세계적 명상지도자의 말을 통하여 '알아차림'에 대한 대중적 의미를 살펴보겠습니다.

알아차림의 네 가지 영역은 몸, 느낌, 마음, 마음의 대상이며 이들은 상호 의존해서 존재한다. 우리는 마음속의 이미지를 그것의 실체와 쉽사리 혼동하며, 내가 인식한 것을 그것의 실체로 오해하는 것을 피하기 위한 노력이 '알아차림'이다. 알아차림은 우리 내면에서 일어나는 두려움, 화, 질투, 슬픔이 있다는 것을 인지하고 그것을 판단하거나 나쁘다고 말하지 않는 것. 몸과 마음에서 일어나는 모든 것을 관찰할 뿐 칭찬이나 질책이나 판단을 하지 않은 채 일어나는 것들을 그대로 맞이하는 것이다.

– 틱낫한

알아차림은 현재 순간에 전개되는 모든 경험을 적극적이고 비판단적으로 수용하는 것이다. 다시 말하면 깨어있는 마음으로 매 순간의 변화하는 존재 현상을 알아차리는 것이고, 두 눈으로 자신의 내면을 바라보는 것이다.

– John Kabatzinn

한자로 풀어쓰면 이해하기 쉽습니다. 알아차림은 한자로 '정념정
지正念正知' 입니다. 바를 정正=一+止은 일단 멈춘다는 뜻이고, 생각 념
念=今+心은 현재의 마음입니다. 따라서 알아차림은 '일단 멈추어서一止
현재의 마음을今心 있는 그대로 알아차린다知'는 뜻입니다.

현재의 마음을 있는 그대로 알아차린다는 것은 '깨어있는 마음'으
로 매 순간의 존재 현상을 알아차린다는 뜻입니다. '깨어있는 마음'
이란 순간순간 일어나는 마음 현상의 대상을 놓치지 않고 바라보
는 마음입니다. 대상을 놓치지 않는 마음을 '알아차림', '사띠sati', '정
념정지', '잡념 없는 마음챙김' 이라고 부릅니다.

"사띠란 표면에 떠 있는 마음챙김이 아니라, 물속에 가라앉은 커
다란 바위처럼 깊이 있는 마음챙김으로, 사띠가 있는 동안 마음에
불선不善한 것이 들어올 수 없고, 만약 불선한 것이 들어왔다면 사
띠를 놓친 상태입니다."

심리학적 배경

동서양의 마음수행 단체들이 진행하는 각종 명상프로그램의 공

통 핵심원리는 '알아차림'입니다. 알아차림의 목적은 고통의 근본 원인을 감소시킴으로써 심리건강에 기여하려는 것입니다. 고통의 근본 원인은 '탐욕', '성냄', '어리석음'이라는 세 가지의 해로운 마음에 뿌리를 두고 있습니다. 위빠사나명상초기불교의 명상에서는 감각적 욕망에 따른 고통의 원인으로서 탐욕과 성냄을 들고 있습니다. 그리고 잘못된 견해에 대한 고통의 원인으로는 어리석음을 들고 있습니다.

　고통과 알아차림의 관계는 연기론緣起論을 통해서 잘 드러납니다. 연기론은 인간이 외부의 자극에 접하여 주관적 세계를 구성하는 일련의 과정을 설명합니다. 감각기관과 대상의 접촉을 원인으로 하여 즐겁거나 괴로운 느낌이 생기고, 이 느낌을 원인으로 애증이 생기고, 애증을 원인으로 집착이 생겨서, 결국 고통의 원인인 탐욕과 성냄의 상태에 이르게 됩니다. 인간의 마음은 있는 그대로의 현실을 바라보기보다는 지각된 현실을 소재로 끊임없이 자기충족적 세계를 만들어 내기 때문에 고통스럽다는 것입니다. 이 과정에서 가장 큰 문제는 애와 집착의 단계인데, 애와 집착으로부터 고통이 필연적으로 발생합니다. 따라서 느낌과 애와 집착 사이에 '알아차림'이라는 차단막을 설치하므로써 고통의 발생을 막는 원리입니다.

　서양의 현대심리학은 '마음챙김Mindfulness'이라는 용어를 사용합니다. 이것은 위빠사나 명상의 핵심요소인 '알아차림'에서 비롯된 용어입니다. 마음챙김에 기초한 프로그램들은 심리치료의 맥락에서 하나의 새로운 흐름을 형성하고 있습니다. 그러나 아직 마음챙김에 대한 엄격하고 합의된 정의는 없습니다. 다만 현대심리학에서 임상적으로 사용하는 각종 프로그램들의 마음챙김에 대한 중심개념은 다음과 같습니다.

- **마음챙김에 기초한 스트레스 완화 프로그램** MBSR

  비판단, 인내, 초심, 신뢰, 비추구적 태도, 비집착, 수용
- **마음챙김에 기초한 인지치료** MBCT

  현재자각, 비집착, 집중, 거리 두기, 탈중심화, 메타 인지적 기술과 통찰
- **변증법적 행동치료** DBT

  관찰하기, 기술하기, 자각을 갖고 행동하기, 비판단적 수용
- **수용전념치료** ACT

  수용, 현재 순간 자각, 인지적 탈 융합, 맥락으로서의 자기

현대심리학의 마음챙김은 "일상적 의식 또는 주의의 상태와 질적으로 다른 의식의 상태"를 말합니다. 이는 위빠사나명상의 '알아차림'과 같은 말로써 사용되고 있기는 하지만 질감에서 큰 차이가 있습니다.

감각기관이 어떤 대상을 만나면 느낌이 발생하고, 그 느낌을 원인으로 생각이 일어나며, 생각은 의지나 행동으로 이어집니다. 알아차림은 느낌과 생각의 단계에서 '있는 그대로'를 바라보며, 그것이 의지나 행동으로 더 이상 발전되지 않도록 흘려보내는 것입니다.

> ### 대상과의 접촉 → 느낌 → 생각 → 의지 및 행동

느낌과 생각은 아지랑이와 같아서 있는 그대로 알아차리고 가만히 관찰하면 저절로 변하고 사라집니다. 어떤 좋거나 나쁜 느낌이 일어나면 '그렇구나' 하는 정도로 판단 없는 반응을 하면서 가만히 지켜보세요. 그 느낌이 몸의 어떤 부위로 어떻게 전해지는지를 알아차리면서 그 부위에 따뜻한 자애의 마음을 보내면 됩니다.

알아차림을 생활화하면 생각의 습관이 바뀌어서 부정적 감정에 휘둘리지 않게 됩니다. 뇌과학에서는 "부정적 감정은 알아차리기만 하면 몸의 자동조절장치가 작동된다. 알아차림은 뇌의 감정처리시스템인 편도체에 영향을 주어서 마음을 조절한다. 편도체가 활성화되면 신호가 이성과 생각의 회로인 전전두엽 등을 거치지 않고 곧바로 소뇌로 전달되어서 습관적 자동반응 상태가 되므로 느긋하게 살피지 않고 곧장 반응하여 습관에서 벗어나지 못하게 된다. 전전두엽은 편도체의 이러한 흥분 상태를 조절하는 기능

을 한다. 따라서 '알아차림'은 감정에 즉각 반응하지 않고 관찰하는 과정을 통하여 편도체의 활동을 전전두엽의 활동으로 전환하는 효과가 있다."라고 설명합니다.

알아차림은 분노, 불만족, 절망, 고독, 공격적 마음, 짜증, 괴로움, 미움, 불안, 시기질투, 두려움, 수치심, 복수심, 부끄러움, 서러움, 울분, 원망, 자기혐오, 슬픔, 회피 등과 같은 부정적 감정들의 울타리에 자기 스스로를 가두어 놓는 습관을 완화시키는 기능을 합니다. 또한, 이러한 부정적 감정들을 자비심으로써 대처할 수 있도록 만들어 줍니다.

알아차림은 부정적 감정을 만들고 있는 '대상'을 바라보는 것이 아닙니다. 그 부정적 감정을 일으키고 있는 내 마음의 바탕, 즉 '내면'을 바라보는 것입니다. 부정적 감정의 대상은 나의 외부에 존재합니다. 따라서 그것은 내가 통제할 수 없으므로 따라갈 필요가 없습니다. 외부에 있는 대상을 따라가는 대신에 시선을 안으로 되돌려서 나 자신의 '내면'을 바라보아야 합니다. 내면은 내가 스스로 통제할 수 있기 때문입니다.

알아차림의 과정은 ①내면의 느낌에 주의 기울이기, ②그 느낌이 거기에 있다는 것을 그대로 받아들이기 생각으로 바꾸거나 분석하거나 판단하지 않기, ③자신과 동일시 안 하기, ④현재에 머물며 내면에서 일어나는 현상 바라보기, ⑤부정적 감정이 일어나면 그대로 바라보기, ⑥

침묵의 관찰자로 그대로 남아있기, ⑦일어나는 현상 알아차리기로 세분화 될 수 있습니다.

몸과 마음에서 자생적으로 일어나거나, 몸과 마음이 외부의 대상에 반응해서 일어나는 모든 현상에 대하여 알아차리는 능력과 습관을 길러 보세요. 그러면 고통을 다스리는 '내면의 힘'을 갖추게 됩니다. 좋고 나쁜 느낌들이 생각과 감정과 행동으로 연결되지 않고 발생 단계에서 사라지도록 관리할 수 있습니다. 따라서 분노 등의 부정적 감정이 일어날 때 연속적으로 두 번째, 세 번째의 화살을 맞지 않을 수 있게 됩니다.

세계적 명상지도자 틱낫한은 여기에서 한발 더 나아가 "매 순간 알아차림의 씨앗에 물을 주라. 절망과 분노, 성냄과 분별, 고독과 같은 부정적 감정의 이면에는 자애, 이해, 환희와 같은 부드러운 감정이 연결되어 있으므로, 알아차림을 생활화하려면 이들 씨앗에 양분을 주어야 행복과 평화의 에너지가 드러난다."라고 가르쳤습니다.

현인들의 알아차림

'알아차림'을 생활화하면 '내면의 힘'을 기를 수 있습니다. 이는 수천 년에 걸쳐서 수많은 현인에 의하여 검증된 것입니다. '알아차림'에 대한 그들의 지혜를 소개합니다.

화, 짜증, 미움, 불안의 감정은 내 마음 공간에 잠시 머물렀다 떠나는 구름과도 같은 손님이다. 다스리려 하지 말고 손님에게 친절히 대하라. Just remain still like sky !

― 티베트 용수

분노, 질투, 자기방어, 말다툼, 합리화, 아이 같은 마음, 어떤 감정적 고통이 일어나려고 하면 그것이 무엇이든 그 순간의 현실을 알아차리고 그 상태를 유지하라. 자신에 관한 판단을 중지하고 타인에 관한 판단을 중지하라. 당신의 유일한 탈출구는 그저 지켜보는 것이다. 자신이 인식함을 알아차림으로써 그저 계속 놓아 보내라. 이것이 내적 성장의 온갖 관문들을 통과하는 방법이다.

― 칼 로저스

마음속에 불안이 있으면 담벼락처럼 여여부동으로, 마음속에 불안이 생겨나고 머무르다가 사그라져서 마침내 사라지는 과정을 주의 깊게 지켜보아야 한다. 사그라질 때까지 지켜보고만 있으라. 붙들고 시비하고 자꾸 건드리면 더욱 커질 뿐이다.

― 월호

감정에 사로잡혀 마음이 답답할 때마다 기억하라. 괴로움은 공격적인 마음에서 비롯된다. 잘 지켜보면 가슴이 그것을 모두 밀쳐 내려

애쓰고 있는 것을 발견한다. 자유로워지고 싶다면, 이런 인간적 감정들과 싸우기를 그치는 법을 터득해야만 한다.

– 마이클싱어

침묵에도 거절, 방어, 회피, 분노 등 여러 가지 종류가 있다. 마음챙김은 이러한 다양한 침묵의 질감에 우리를 조율시켜 준다.

– 크리스토퍼 거머

수치심, 수심, 부끄러움, 서러움, 울분 같은 느낌을 있는 그대로 알아차리라. 그 모든 감정이 우리가 인간이기에 느끼는 것임을 인정하고 스스로를 인정하라. 그리고 명료한 의식으로 모든 감정을 흘려보내고 새롭게 시작하라. 모든 것을 멈추고, 지금 이 순간에 무슨 일이 일어나고 있는지를 제대로 관찰하고 알아차리고 감사하는 것이 수행이다.

– 페마초드론

마음이 바람처럼 이리저리 흘러다님을 멈추라. 멈추면 마침내 보인다.

– 혜민

수행의 본질은 하나다. 타인에 대한 원망이나 자기혐오가 일어났을 때 연쇄반응에 휩쓸리지 말고 알아차리는 것이다. 마음속에서 부글

부글 일어나는 온갖 '혼잣말'들을 멈추는 것이다. 그러면 몸에서 일어나는 감각을 온전히 느낄 수 있다. 마음에 불편한 감정이 일어나거든 그 에너지를 발산하거나 애써 억누르지 마라. 그냥 있는 그대로 알아차리고 그냥 흘러가게 놓아두라.

– 페마초드론

영역별 알아차림

알아차림의 영역은 크게 네 가지로 나뉩니다. 그것은 '몸 알아차림', '느낌 알아차림', '마음 알아차림', '대상^{현상} 알아차림'입니다. 각각의 영역에 대한 알아차림의 구체적 방법을 소개하면 다음과 같습니다.

■ 몸의 영역

몸에서 통증이 일어나면 그 부위가 어디인지, 어떤 종류의 통증인지^{예: 욱신거림, 저림, 아픔 등}를 알아차립니다. 이어서 그 통증이 어떻게 변화되어 가는지를 바라보며 알아차립니다. 몸의 통증이 있더라도 가급적이면 움직이지 않고 저항 없이 그냥 견디는 것이 좋습니다. 견디기가 너무도 힘들 정도로 심한 통증이라면 다리를 고쳐 앉거나 몸을 흔들어 보거나 자세를 약간 바꾼 후에 다시 알아차림을 계속합니다.

통증이 사라져서 마음이 이제 더 이상 통증에 머물지 않게 되면,

다시 호흡으로 되돌아갑니다. 몸의 통증과 같은 감각현상이 느껴지더라도 그 감각현상 자체를 관찰하지 않고, 그 대신에 들숨과 날숨의 전 과정을 알아차리면서 가만히 지켜보는 것도 좋습니다.

■ 느낌의 영역

좋거나 나쁜 어떤 느낌이 일어나면 그 느낌에 대하여 어떠한 의미도 부여하지 않고 집착이나 저항도 하지 않고 그 느낌이 있음을 알아차리기만 합니다. 마치 다른 사람의 일인 것처럼 그냥 가만히 바라보기만 합니다. 그 느낌이 어떤 종류의 느낌인지_{좋은 느낌, 나쁜 느낌, 좋지도 나쁘지도 않은 느낌}, 그리고 그 느낌이 어떻게 흘러가며 어떻게 변하는지를 알아차리면서 가만히 바라보기만 합니다.

그렇게 알아차리면서 가만히 바라보고 있으면 그 느낌은 안개가 점점 옅어지다가 걷히듯이 자연스럽게 사라집니다. 느낌이 사라지면 그 느낌이 사라지는 현상도 알아차립니다. 좋은 느낌도 나쁜 느낌도 없게 되면 그 '느낌 없음'도 알아차리며 호흡으로 다시 돌아갑니다. 발생한 느낌 현상을 따라가면서 관찰하지 않고, 그 대신에 들숨과 날숨의 전 과정을 알아차리면서 가만히 지켜보는 것도 좋습니다.

■ 생각과 감정의 영역

생각이 일어나면 그것을 없애거나 억누르거나 회피하려고 하지 말고, 일어나는 생각을 그대로 알아차리면서 사라질 때까지 가만히 바라봅니다. 생각이 일어났을 때 그것이 몸의 반응으로 이어지고 있는지에 대하여도 알아차립니다. 몸의 어떤 부위에서 어떤 반응이 일어나는지를 알아차리면서 가만히 바라봅니다.

슬픔이나 분노와 같은 감정이 일어나면 그것도 알아차리고 가만히 바라봅니다. 슬픈 감정이 밀려와서 눈물이 나면 그 감정을 억누르지 말고 그대로 허용하며 사라질 때까지 알아차리며 가만히 바라봅니다. 긴장되거나 외로운 감정 등도 마찬가지입니다.

생각이나 감정이 일어날 때 어떤 의도가 생기는지도 알아차립니다. 예를 들면 그만하고 싶고, 도망가고 싶고, 숨기고 싶고, 저항하고 싶은 것과 같은 의도가 일어나면, 이 또한 알아차리며 그 현상이 다 사라질 때까지 알아차리며 가만히 지켜봅니다. 생각이나 감정이나 의도가 사라지면 다시 호흡으로 돌아갑니다. 발생한 생각이나 감정이나 의도 현상을 따라가면서 관찰하지 않고, 그 대신에 들숨과 날숨의 전체 과정을 알아차리면서 가만히 지켜보는 것도 좋습니다.

■ 대상의 영역
'대상'이란 귓속에서 일어나는 어떤 소리일 수도 있고 외부에서 들려오는 어떤 소리일 수도 있습니다. 그것은 지난날의 특별한 추억일 수도 있고 미래에 대한 상상일 수도 있습니다. 또한, 그것은 어떤 사람이나 사건일 수도 있고 어떤 영상일 수도 있고 갑자기 떠오르는 어떤 이미지나 장면일 수도 있습니다.

어떤 '대상'으로 인하여 호흡에 집중이 잘 안 되면 호흡에 집중하려는 의도를 멈추고 그 대상을 알아차리면서 가만히 바라봅니다. 그 대상을 의도적으로 없애려 하거나 유지하려 하거나 해석하려고 하지 않습니다. 보이면 보이는 대로 들리면 들리는 대로 허용하면서 그것이 어떻게 변화해 가는지를 알아차리며 가만히 지켜보기만 합니다.

예를 들어 바다가 '대상'으로 떠오르면 과거의 어떤 위험했던 기억과 연결이 되어서 좋지 않은 느낌, 두려운 감정, 도망가고 싶은 의도, 몸의 통증 등과 같은 현상들이 함께 일어날 수도 있습니다. 그러면 그것들이 일어나고 변해서 사라질 때까지 알아차리면서 그냥 가만히 바라보기만 합니다.

가만히 알아차리면서 지켜보고 있으면 일어났던 현상들도 없어지고 고요해질 것이며, 고요해지면 일시적인 고통도 사라지고 평화로울 것입니다. 그 평화로운 마음을 다시 알아차리면서 다시 호흡으로 돌아갑니다. 호흡은 종잡을 수 없이 날뛰는 마음을 단단히 붙들어 매는 말뚝과도 같습니다. 사랑하는 부모님이 계신 포근한 고향 집과도 같습니다.

'대상'의 영역에는 지혜의 통찰도 포함됩니다. 생각과 감정이 올라오면 그것이 존재의 고통임을 사유합니다. 그 고통의 생겨남에 대하여도 알아차립니다. 고통의 현상을 관찰하며 그것들이 어리석은 견해나 생각, 의도, 신념, 자동적 사고 때문임을 알아차립니다. 자신의 생각, 행위, 직위, 신분, 나이, 욕구 등을 자신의 정체성으로 유지하려는 어리석음도 알아차립니다. 호흡에 집중하면서 무상의 진리에 진정으로 마음 굽힙니다. 자아관념과 고정관념에 집착하기 때문에 불행하다는 것도 알아차립니다. 사소한 일상이 감사한 기적임도 알아차립니다. '지금 여기'의 삶을 온전히 받아들이는 것이 충만한 행복임도 알아차립니다.

많이 알아도 자기체험이 없으면
장님이 등불을 들어 남을 밝혀 주면서
자기 앞을 못 보는 것과 같다
 − 대장엄론경 大莊嚴論經

Chapter IV

아홉 가지
체험

체험적 마음수행

[Briefing]

　　제4장은 '전개체험적 마음수행 부문의 단계'로서 '아홉 가지 체험 방법'에 대하여 이야기합니다.

　　체험 없는 지혜는 겉만 번지르르한 지식에 불과할 수 있습니다. 지혜가 삶 속으로 녹아들기 위해서는 꾸준한 자기체험이 필요합니다. 인지적 지혜는 타인으로부터도 얻을 수 있습니다. 그러나 느낌 · 감각 · 정서를 바탕으로 하는 체험적 지혜는 자기체험을 통하여 얻을 수 있습니다. 제4장의 내용은 저자의 자기체험을 바탕으로 했습니다.

제4장의 목적은

첫째. '세 가지 지혜'를 일상의 체험으로써 뒷받침하기 위한 것입니다

둘째. 일상생활에서 누구든지 쉽게 실천할 수 있는 마음수행 방법을 제안하기 위한 것입니다.

☞ 자신에게 알맞은 체험 방법을 선택하여 꾸준히 실천해 보세요!

범사에
감사하기

감사의 심리학

죽을 뻔했다가 방금 살아난 사람에게 세상은 어떻게 보일까요?
강산은 더없이 아름답고 공기는 부드럽게 느껴질 것입니다. 이 땅
을 밟고 다시 설 수 있다는 사실만으로도 더없는 기적이자 감사일
것입니다. 방금 전에 말기 암 통보를 받은 사람도 평범한 지난 일상
이 한없이 값지고 큰 축복이었음을 새삼 느끼게 될 것입니다.

심각한 유방암으로 죽음 직전의 상태에 이르렀다가 기적같이 살
아난 아니타 무르자니Anita Moorjani는 '집착과 두려움'이 질병의 근본
원인이었음을 밝혔습니다. "이것을 뛰어넘을 수 있는 길은 일상에
감사하는 것이다. 매일 매일이 신선한 모험이다. 그저 이 삶을 흠뻑

받아들이고 싶다."라고 증언했습니다.

긍정심리학의 창시자인 크리스토퍼 피터슨Christopher Peterson은 「행복에 영향을 미치는 요인들2006년」이라는 연구에서 행복과 가장 상관성이 높은 요인으로 '감사의 경험'을 들었습니다. '감사의 경험'이 교육수준, 수입액, 지위, 결혼, 친구, 건강보다도 더 높은 단계의 행복 요인이라고 결론 내렸습니다.

호스피스 운동의 선구자인 엘리자베스 퀴블러로스Elizabeth Kubler-Ross는 "진정한 힘과 행복은 감사하는 마음에 있다. 자신이 현재 가진 것에 감사하는 일, 자신의 있는 그대로의 모습에 감사하는 일, 자신의 독특함에 감사하는 일에 있다."라고 말했습니다.

캘리포니아 대학의 로저 월시Roser Walsh 교수는 25년간 세계의 주요 종교들을 탐험 수행한 후 『7가지 행복 명상법』이라는 책을 내놓았습니다. 그는 이 책에서 "감사는 부정적 감정을 해소하고 분노와 질투심을 녹이며 두려움과 방어를 줄인다."라고 적었습니다.

"범사에 감사하라."라는 진리를 머리로 이해하기는 쉽습니다. 그러나 일상 속에서 꾸준히 실천하기는 쉽지 않습니다. 현재의 일상이란 것이 대부분은 시시하고 귀찮은 일들의 연속이기 때문입니다. 그러므로 우리는 현재보다는 과거의 멋진 추억을 떠올리거나 미래의 상상에 매달려서 살아가기 일쑤입니다.

티베트 출신의 세계적 영적지도자 페마초드론Pema Chödrön은 "범사에 감사하는 것은 감상적이거나 진부한 일이 아니라 실은 용기가 필요한 일이다."라고 했으며, 아빌라의 테레사Theresia Magna수녀도 "삶을 하나의 수행으로 받아들이면 평범한 생활도 심오한 빛을 발한다."라고 말했습니다. 저자는 일상에서 다음의 네 가지를 꾸준히 실천하고 있습니다. 이를 통해 모든 범사에 진정으로 감사할 줄 아는 마음을 갖게 되었습니다.

감사의 체험

■ 빨래 널기

세탁기를 돌리는 것은 아내가 주로 하지만 세탁이 끝난 뒤에 건조대에 빨래를 너는 것은 저자의 수행대상입니다. 빨래를 하나하나 턴 다음에 옷걸이에 정성껏 펼칩니다. 반드시 천천히 해야만 하고 마음을 내어 정성껏 해야만 합니다. 빨래를 하나하나 옷걸이에 펼칠 때마다 옷의 어깨 부분을 토닥이면서 속으로 말합니다.

> '옷아! 고맙다. 늘 깨끗하고 따뜻하게 해줘서 고맙다.'
> '옷아! 고맙다. 늘 깨끗하고 따뜻하게 해줘서 고맙다.'

■ 설거지

밥상을 차리는 것은 아내가 주로 하지만 식사가 끝난 뒤에 그릇을 닦는 것은 저자의 수행대상입니다. 세제를 사용해야 하는 그릇들과 세제를 사용하지 않아도 되는 그릇들을 먼저 분류하고 설거지를 시작합니다. 반드시 천천히 해야만 하고 마음을 내어 정성껏 해야만 합니다. 그릇을 닦으면서도 속으로 말합니다.

> '그릇아! 고맙다. 오늘도 먹고 살 수 있게 해줘서 고맙다.'
> '그릇아! 고맙다. 오늘도 먹고 살 수 있게 해줘서 고맙다.'

■ 안방 청소

다른 공간에 대한 청소는 아내가 주로 하지만 안방에 대한 청소는 저자의 수행대상입니다. 방 안의 물건들을 전체적으로 정리정돈한 후에 방바닥을 젖은 걸레로 닦습니다. 무릎을 꿇은 자세로 반드시 천천히 해야만 하고 마음을 내어 정성껏 해야만 합니다. 방바닥을 닦으면서도 속으로 말합니다.

> '방아! 고맙다. 오늘도 편히 쉴 수 있게 해줘서 고맙다.'
> '방아! 고맙다. 오늘도 편히 쉴 수 있게 해줘서 고맙다.'

■ 자동차 관리

　자동차는 효과가 특히 좋은 수행대상입니다. 운전을 시작하기 전부터 운전을 마치고 내리는 순간까지 모든 행동이 수행의 대상입니다. 문을 열고 닫는 일, 자동차 내부를 정리정돈 하는 일, 자동차를 타고 내릴 때 감사하는 일, 주행 중에 끼어드는 다른 차량에 화를 내지 않고 자애를 보내는 일 등을 마음 수행의 대상으로 삼고 있습니다. 자동차의 문은 최대한 천천히 부드럽게 열고 닫습니다. 자동차의 내외부도 방 청소를 하거나 설거지를 할 때와 마찬가지로 천천히 정성을 다하여 정리합니다. 운전을 시작할 때와 종료했을 때는 차를 토닥이면서 속으로 말합니다.

> '차야! 고맙다. 늘 안전하고 편하게 해줘서 고맙다.'
> '차야! 고맙다. 늘 안전하고 편하게 해줘서 고맙다.'

　생활 속의 사소하고 반복적인 일들을 마음수행의 대상으로 정하고 꾸준히 실천해 보세요. 누군가가 시키니까 마지못해 하는 것은 수행이 아니라 심부름입니다. 어쩌다가 한두 번 하는 것은 수행이 아니라 잠깐 돕는 것입니다. 싫은 것을 억지로 하면 감사가 아닌 고통만을 가중시킬 뿐입니다. '내면의 힘'을 기르기 위한 마음수행은 자발적이고 지속적이어야만 효과가 있습니다. 또한, 미소 띤 얼굴로 진정성을 담아서 천천히 정성껏 해야만 합니다.

어떤 부부를 상담한 적이 있습니다. 남편이 대기업 간부에서 퇴직한 후 부부싸움이 잦아지며 점점 강해진다고 했습니다. 아내는 직장을 계속 다니고 있는데 "남편이 퇴직 때문에 자격지심이 있는 것 같다."라고 말했습니다. 남편은 "아내가 자신을 무시한다."라며 불평했습니다. 이런 비슷한 문제로 고민하는 가정이 예상외로 많습니다. 자기 마음을 자기가 다스리지 못하기 때문에 발생하는 일입니다. 상대방의 마음을 내 고정관념에 따라 일방적으로 해석하고 그것을 근거로 "상대방에게 문제가 있다."라고 진단해 버리는 것입니다.

조병화의 '천적天敵'이라는 詩 "결국, 나의 천적은 나였던 거다"를 들려주었습니다. 남편이 문제가 아니고 남편의 천적이 문제입니다. 아내가 문제인 것이 아니고 아내의 천적이 문제입니다. 남편의 천적과 아내의 천적이 서로 공격하는 모양새입니다. 남편과 아내의 갈등이 아니라 남편을 대신하는 천적과 아내를 대신하는 천적 간의 대리전입니다. 제2 인생을 시작하면서 필수 과제는 자신의 천적을 스스로 제어할 수 있는 '내면의 힘'을 갖추는 일입니다. 저자는 위에서 소개한 감사의 체험을 꾸준히 실천하면서 가정생활이 더욱 훈훈해졌습니다. 저자와 상담했던 이 남성도 이와 동일한 체험을 통하여 부부간의 갈등문제를 원만하게 해결할 수 있었습니다.

'내면의 힘'을 기르지 못하면 나의 '천적'이 나 자신도 공격합니다.

분노는 이를 억누르거나 표출하면 할수록 더 강하게 자라는 속성이 있습니다. 이런 식으로 분노를 처리하면 더 깊은 수렁으로 빠집니다. 집안에서의 소소한 일들을 분노와 짜증의 대상이 아닌 마음 수행의 대상으로 정해 보세요. 범사에 감사할 줄 아는 탁월한 체험이 됩니다. 범사에 감사하는 마음을 가지면 늘 즐겁고 '지금 여기'에 충만한 삶을 살아갈 수 있게 됩니다.

습관과
눈빛 바꾸기

습관에너지

가족 또는 친구에게 '나의 나쁜 습관을 하나씩만 지적해 달라.'라고 부탁해 보세요. 평소에는 전혀 알지 못했던 나쁜 습관이 있다는 사실을 알게 됩니다. 지적받은 내용 중에서 몇 개만이라도 고치려는 노력을 꾸준히 해 보세요. 가족들이 좋아할 뿐만 아니라 스스로도 색다른 즐거움을 맛볼 수 있게 됩니다.

우리는 누구나 편리하고 익숙한 습관에너지를 갖고 있습니다. 몸에 밴 오래된 습관에너지를 바꾸는 일은 쉬운 일이 아닙니다. 종이를 구겨 놓으면 계속해서 흔적이 남는 것과 마찬가지입니다. 버려진 종이에도 구겨져 있던 습관에너지가 그대로 남아 있습니다.

나쁜 습관에너지를 바꾸지 않는다면 삶의 방식을 근본적으로 변화시킬 수 없습니다.

습관에너지를 바꾸기 위해서는 최소한 3주 이상의 꾸준한 노력이 요구된다는 흥미로운 연구결과가 있습니다. 새로운 습관을 3주 동안 적용하면서 동시에 기존의 나쁜 습관에너지를 알아차리는 노력을 해야만 효과가 있다고 합니다. 체험활동과 지혜의 통찰과정이 동시에 이루어져야만 습관에너지를 바꿀 수 있다는 결론입니다.

일상생활에서 무의식적으로 행하고 있는 습관에너지들을 잘게 쪼개어서 하나하나 특별한 주의를 기울여 보세요. 몸과 마음에 나도 모르게 배어있는 나쁜 습관에너지들을 골라서 바로 잡는 재미있는 수행에 도전해 보세요. 나쁜 습관에너지를 바꾸려는 계획을 세우고 3주 후에 실제로 달라져 있을 나의 멋진 모습을 상상해 보세요. 저자가 스스로의 체험과 통찰을 통해서 변화시킨 습관에너지의 사례를 소개합니다.

■ 물건의 사용

가족에게서 물건의 사용 습관에 대한 지적을 받았습니다. 볼펜·책 등을 사용한 후에 무심결에 툭툭 집어 던진다는 것입니다. 지적을 받은 후에 주의 깊게 살펴보니까 정말로 그런 습관이 있음을 확인했습니다. 볼펜이나 책만 그런 것이 아니고 전반적으로 그랬습니다. 각종 생활품출입문, 수도꼭지, 가스밸브, 스위치, 책, 안경, 리모컨, 음식, 일용잡품 등을 사용할 때 강하게 다루면서 무심결에 탁탁 치거나 내려놓거나 던지는 습관에너지가 있었습니다. 식사할 때도 젓가락으로 반찬들마늘종, 총각무, 멸치조림 등을 들었다 놓기를 반복하면서 고르거나 휘젓는 습관에너지도 있음을 확인했습니다.

저자는 이러한 습관에너지를 고치기 위해 꾸준히 노력했습니다. 각종 생활품을 사용하면서 최대한 천천히 부드럽게 다루려고 의식적 노력을 기울였습니다. 이런 방식으로 생활용품들을 대하니까 그들과도 마치 우정이 쌓이는 것과 같은 신기한 기분이 들었습니다. 매사에 마음이 차분해지고 조심하는 느낌도 들었습니다. 그동안 생활용품들의 잦은 고장도 저자의 나쁜 습관에너지에 대한 무언의 저항이었는지도 모를 일입니다.

■ 자세와 대화

독일의 어느 과학자가 '몸의 자세가 마음에 영향을 미치는 모습'을 광학카메라로 촬영했다고 합니다. 어깨를 움츠리고 목을 떨어뜨리고 몸을 기울이는 자세를 취하는 것만으로도 우울해지며, 단지 척추와 어깨를 활짝 펴는 것만으로도 행복한 감정을 느낄 수 있다고 결론 내렸습니다. 만약 일상생활 속에서 규칙적 운동이 어렵다면 척추와 어깨를 활짝 펴는 습관에너지라도 길러 보세요. 지하철에서 척추와 어깨를 활짝 펴고 눈을 감고 호흡에 집중하는 것만으로도 좋은 운동이 될 수 있습니다.

잘못된 대화 습관에너지를 고치는 체험도 아주 좋습니다. 누구든지 '말' 때문에 고통을 받습니다. 입이 화근임을 잘 알면서도 그 잘못된 습관에너지를 고치지 못하고 있습니다. 마음수행 차원에서 의식적으로 입조심을 하겠다는 다짐을 하는 것만으로도 훨씬 좋아집니다. 잘못된 대화 습관에너지가 나와 타인에게 상처를 입힌다는 사실을 알아차리고 인정해 보세요. 무심결에 내뱉는 말이 나와 상대방을 힘들고 지치게 만듭니다. 저자는 고쳐야 할 대화 습관에너지가 많은데 그중에 한 가지를 소개합니다. 이는 중년기 남성들에게서 가끔 볼 수 있는 대화 패턴의 하나라고 생각합니다.

아내가 몸이 아프다고 전화하면 첫마디가 '병원에 다녀왔냐'고 묻습니다. 병원에 다녀왔다면 그것으로 흐지부지합니다. 만약 다녀오지 않았다면 '병원에 가라'는 식의 단순 해결책을 제시하는 것으로 대화를 진행합니다. '해결 우선'의 대화습관을 '공감 우선'의 대화습관으로 바꾸어 보세요. '어느 부위가 얼마만큼 아픈지?', '내가 구체적으로 어떤 도움을 줄 것인지?' 병원에 가보라는 상투적인 말을 하기 전에 휴식과 위로의 말을 건네는 정서적인 방식으로 대화의 질감을 바꾸어 보세요. 습관에너지를 바꾸면 대화에서 따뜻함을 느낄 수 있고 병도 더 빨리 나을 수 있습니다. 또한 저자가 최근에 수행 대상으로 삼고 있는 것은 '남이 말하는 도중에 끼어들지

않기'입니다. 반기별로 한 가지씩만이라도 대화의 나쁜 습관에너
지를 골라서, 이것을 바꾸는 실속 있는 수행에 도전해 보세요.

보석 같은 일상

존재하는 모든 것은 늘 변화합니다. '나'라는 존재도 마찬가지입
니다. 단 한 순간도 '똑같은 나'라는 것은 없습니다. 매 순간이 '난생
처음인 나'로 살고 있습니다. '현재'는 그 끝없는 난생처음들의 연
결입니다. 난생처음이라는 관점에서 눈眼을 대한다면 그것은 어떤
존재로 다가올까요? 눈 때문에 다른 것들을 볼 수 있는 기적이 매
순간 일어납니다. 따라서 그것은 나에게 더없이 소중한 보석과도
같은 존재로 느껴질 것입니다.

모든 것을 '난생처음'이라는 관점으로 바라본다면 어떨까요? 내
주변에 보석들이 숱하게 널려 있음을 알 수 있게 됩니다. 사람들,
심장, 귀, 코, 팔다리, 햇빛, 공기, 바람, 나무, 꽃, 새, 빗방울, 달빛,
강물, 웃음, 물 한잔, 강아지, 고양이, 어둠, 고독, 쌀, 풀……. 이 모
든 것들이 다 보석같은 소중한 존재입니다. 그러나 우리는 이 수많
은 보석들이 베푸는 기적을 그냥저냥 당연한 것으로 여기면서 그
들의 존재에 대한 소중함을 느끼지 못하고 있습니다.

'지금 여기'에서 나와 연결되어 펼쳐지고 있는 모든 존재들을 지

금까지와는 다른 눈으로 하나하나 바라보세요. 그러면 충만한 현존진정으로 있음의 기쁨을 느낄 수 있습니다. 이런 관점에서 욕구 5단계설의 심리학자인 매슬로우Abraham H. Maslow도 "자아실현자는 일상에서 행복을 체험하고, 범부는 늘 새로운 것을 추구한다."라고 말한 것 같습니다. 일상의 모든 것들을 소중한 보석으로 바라보기 위한 간단한 방법을 소개합니다.

■ 눈빛 바꾸기 Eye Talking

자연스럽게 웃는 표정을 만들고 싶으면 눈빛부터 바꿔야 합니다. 한 번 활짝 웃으면 30분간 조깅을 한 것과 같은 효과가 있다고 합니다. 아이들은 하루에 300번 이상을 웃는데 어른들은 15번 정도를 웃습니다. 눈빛을 부드럽게 바꾸면 표정도 자연스럽게 변합니다. 피겨 영웅 김연아 선수는 표정을 바꾼 후부터 11번이나 기록을 경신했다고 합니다.

'눈빛 바꾸기'란 일상에서 마주치는 모든 대상을 마치 난생 처음 보는 것과 같은 기적의 눈빛으로 바라보는 것입니다. 예를 들어 설거지할 때도 그릇을 보면서 즐겁고 행복해야 합니다. 삶의 매 순간을 하나의 기적으로 바라보기 때문입니다. 라면을 끓일 때, 밥 짓고 빨래할 때, 강아지나 고양이에게 밥을 줄 때, 상추쌈을 씻을 때, 컴퓨터 자판을 칠 때, 커피를 마실 때…. 그 모든 대상 하나하나를 기적을 대하는 눈빛으로 바라보세요.

■ 행복의 대상 찾기

'지금 여기'에서 나에게 행복을 주는 것들을 열 개만 적어 보세요. 금방 떠오르지 않을 수도 있습니다. 그러나 범위를 넓혀서 천천히 사유해 보면 금방 다 채워 넣을 수 있습니다. 생활 속에서 늘 보았던 것들을 지금까지와 전혀 다른 눈으로 바라보는 것이 이 체험의 목적입니다. 예를 들어 공기나 물처럼 평소에 아주 당연하게 생각했지만 사실 내게 행복을 주는 것이라면 모두 해당됩니다. 대상을 채워 넣기에만 급급하지 말고 그 소중함과 감사함을 진정으로 느껴 보려는 자세가 중요합니다. 이 체험은 3-4명이 함께하는 나누기 연습에도 좋습니다.

행복의 대상 찾기		
※'지금 여기'에서 나에게 행복을 주는 대상을 열 가지 적어 보세요. 우리가 모든 대상을 색다른 눈으로 바라볼 수 있다면 내게 행복을 주는 수많은 것을 재발견할 수 있습니다.		
번호	행복을 주는 것	이 유
1		
2		
3		
4		
5		
6		
7		
8		
9		
10		
('행복의 대상 찾기'를 통한 새로운 통찰 또는 느낌을 적어 보세요.)		

'지금 여기'에 있기

미해결 과제

'지금 여기'에 집중하는 것은 말처럼 쉬운 일이 아닙니다. 우리는 틈만 나면 '지금 여기'를 벗어나 '딴생각mind-wandering'을 하기 일쑤입니다. 상황에 따라서 잠시 '딴생각'을 할 수도 있습니다. 그러나 과거나 미래의 어떤 사건이나 대상을 반복적으로 떠올리면서 '딴생각'에 자꾸만 빠지는 것은 문제가 있습니다. 이런 현상은 심리적 고통으로 발전될 수 있기 때문입니다.

「게슈탈트 이론」에 의하면 "지금 여기에 모든 것이 명백하게 드러나고 있다."라고 합니다. 어떤 대상을 반복적으로 떠올리면서 '딴생각'을 하는 것은 "미해결 과제가 지금 여기에 떠오르려 하는 것"

이라고 해석할 수 있습니다. 따라서 이것을 강제로 억누르거나 회피할 일이 아닙니다. '지금 여기'에 드러나려고 하는 그대로를 알아차리면서 그것이 자연스럽게 사라지도록 바라보고 수용할 수 있어야 합니다. 교체되어야 할 '배경'을 그때그때 흘려보내지 못하면 고통은 계속 자라날 뿐입니다. 따라서 새로운 삶으로 활력 있게 나아갈 수도 없게 됩니다.

반복적으로 나타나는 '딴생각'은 미해결 과제로서의 생각쓰레기입니다. 이것을 직면하여 수용하지 못하고 억압해 놓으면 부패되어 삶의 터전을 망가뜨립니다. '지금 여기'의 삶에 집중하기 위해서는 이 오래된 쓰레기부터 스스로 청소할 수 있어야 합니다. 이를 청소하는 근본적 방법은 '깨어있는 알아차림'을 생활화하는 것입니다 _{제3장 참조}. 다음의 연습 과제는 '딴생각'에 빠지는 것을 알아차리고 집중력을 기르기 위한 재미있는 방법입니다.

'지금 여기' 연습

■ 마음속에 새겨넣기

마음이 '지금 여기'에 있지 못하고 과거나 미래의 '딴생각'들로 자주 방황하나요? '나는 지금 여기에 있다.'라는 사실을 마음속에 의식적으로 새겨 보세요. 모든 생각과 동작을 일단 멈추고 호흡으로 돌아가서 들숨과 날숨에 집중하세요. 긴 숨과 짧은 숨을 알아차리면서 호흡의 전 과정을 따라가세요. 아무것도 하지 않고 단지 호흡에 집중하는 것만으로도 심리적 고통을 덜 수 있습니다. 마음의 안정감도 되찾을 수 있습니다. 들숨과 날숨의 길고 짧음에 자연스럽게 박자를 맞추면서 속으로 따라 하세요. 부드럽게 몇 번 반복하세요.

> '난, 지금 여기에 있다.' '난, 지금 여기에 있다.'
> '이건, 감사이고 기적이다.' '이건, 감사이고 기적이다.'

■ 마음의 좌표

'마음'이라는 TV 화면이 지금 과연 어떤 드라마를 상영하고 있는지를 스스로 점검하는 연습입니다. 지금 이 순간의 내 마음이 가깝거나 먼 과거의 어떤 사건 또는 인물에 붙잡혀 있나요? 아니면 가깝거나 먼 미래의 어떤 상상이나 불안감에 사로잡혀 있나요? 나의 마음이 지금 이 순간 실제로 어디에 머물고 있는지를 시간의 선 위에 솔직하게 표시해 보세요. 하루 종일 여러 번 체크해서 그 변화를 비교해도 좋습니다. 이것은 3-4명이 둘러앉아 함께하는 나누기 연습에 활용해도 좋습니다.

■ 물아일체物我一體 놀이

이것은 취미활동을 이용한 '지금 여기'의 연습입니다. 저자는 동네 테니스클럽 회원으로서 열심히 게임에 참여하고 있습니다. 테니스 게임을 하면서 실험을 통하여 직접 확인한 사실이 있습니다. 테니스 게임을 하는 동안에 '딴생각'을 하면 비슷한 실력의 상대 선수에게도 거의 예외 없이 패배한다는 사실입니다. 그래서 '라켓은 나의 팔이다', '공은 나의 친구다'라는 생각만 하면서 게임에 의식적으로 몰입하는 실험도 해 보았습니다.

이렇게 하니까 승리 확률은 물론이고 게임의 만족도도 훨씬 높아졌습니다. 자신이 가장 좋아하는 취미활동을 하면서 그 대상과 온전히 하나가 되는 '물아일체 놀이'를 체험해 보세요. 예를 들어 주말에 등산을 가면 의식적으로 100% 나무가 되어 보고, 100% 뜬구름이 되어 보고, 100% 산새가 되어 보는 물아일체의 놀이를 해 보는 것입니다. 물아일체 놀이의 목적은 '지금 여기'에 집중하는 힘을 기르기 위한 것입니다.

04

명상으로
열고 닫기

아침을 여는 '3분 명상'

마하트마 간디는 "명상은 아침을 여는 열쇠이고, 저녁을 닫는 빗장이다."라고 말했습니다. 저자는 '3분 명상'으로 아침을 엽니다. 이는 '감사함과 넉넉한 초연함으로 하루를 시작한다.'라는 자신과의 약속입니다. 긴 시간을 내어 아침명상을 할 필요는 없습니다. 3분 정도만 앉거나 서거나 편리한 자세로 호흡에 집중하면서 진리에 마음 굽히는 명상을 합니다.

감사하는 마음으로 명상을 시작합니다. '오늘도 내가 살아있다.'라는 사실에 진정으로 감사합니다. '오늘 내가 살아있는 것만으로도 대성공이다.'라는 생각을 하면 모든 것이 감사하게 느껴집니다.

당연하다고 여기는 수많은 일들이 실제로는 고맙고 기적 같은 일입니다. 우리가 세상을 다른 눈으로 바라볼 수 있다면 감사해야 할 일들이 너무도 많다는 사실을 알 수 있습니다. 이어서 모든 사람이 오늘도 건강하고 행복하기를 바라는 자애의 명상을 합니다. 다른 사람들에게 조건 없는 자애를 보내는 것은 나 자신의 고통을 치유하고 행복의 씨앗을 심는 만병통치약이며 큰 복을 짓는 일입니다. 아침에 일어나자마자 복도로 나가서 주변의 모든 대상들을 부드러운 눈빛으로 바라보며 '3분 명상'을 시작합니다.

미소 띤 부드러운 얼굴로 들숨 날숨에 마음을 챙깁니다.
'긴 숨'을 들이쉬고 내쉬면서 마음속으로 말합니다.
들숨에 '감사'
날숨에 '사랑'

'짧고 미세한 숨'을 들이쉬고 내쉬면서 마음속으로 말합니다.
들숨에 '감사'
날숨에 '사랑'

호흡의 숯 과정을 따라가며 마음속으로 말합니다.
들숨에 '감사'
날숨에 '사랑'

'3분 명상'을 마치면 넓은 창공을 바라봅니다. 놀이터 뒤쪽으로 줄지어 서 있는 나무들도 바라봅니다. 마음은 본래 '텅 빈 창공'의 모습처럼 광활하고 깨끗한 것임을 알아차립니다. 나무들이 날마다 조금씩 변해가는 모습을 알아차리면서 '무상'과 '체로금풍'의 교훈을 되새깁니다. 내 주변의 모든 존재가 나와 연결되어 있음을 머리가 아닌 가슴으로 느끼면서 아침명상을 마무리합니다. 아침을 여는 '3분 명상'은 내 앞에 새롭게 펼쳐진 '오늘'이라는 꽃밭에다가 좋은 씨앗을 뿌리는 것입니다. '지금 여기'라는 시간과 공간 속에서 내가 가야 할 길_{삶의 방식}을 안내해 주는 등대의 불빛과도 같습니다.

저녁을 닫는 '3분 명상'

'3분 명상'으로 저녁을 닫는 의미는 '감사함과 넉넉한 초연함으로 하루를 마무리한다.'라는 자신과의 약속입니다. 긴 시간을 내어 저녁명상을 할 필요는 없습니다. 약 3분 정도만 편안히 누운 자세로 호흡에 집중하면서 진리에 마음 굽히는 명상을 합니다. 저녁 명상도 감사하는 마음으로 시작합니다. '오늘도 내가 살아남았다.'라는 사실에 진정으로 감사합니다. '오늘 내가 살아남은 것만으로도 대성공이다.'라는 생각을 하면 모든 것이 감사하게 느껴집니다. 당연하다고 여기고 있는 수많은 일들이 실제로는 고맙고 기적 같은 일입니다. 우리가 세상을 다른 눈으로 바라볼 수 있다면 감사해야 할 일들이 너무도 많다는 사실을 알 수 있습니다.

들숨과 날숨에 마음을 챙기면서 마음속으로 말합니다.

들숨에 '감사'

날숨에 '사랑'

이어서 모든 사람이 늘 건강하고 행복하기를 바라는 자애의 명상을 합니다. 저녁 명상에서는 아침 명상에 비하여 자애의 명상을 좀 더 구체적으로 합니다. 다른 사람들에게 조건 없는 자애를 보내는 것은 나 자신의 마음 고통을 치유하고 행복의 씨앗을 심는 만병통치약이며 큰 복을 짓는 일입니다.

들숨과 날숨에 마음을 챙기면서 마음속으로 자애를 보냅니다.

'부디 내가 강건하고 행복하기를….'

'부디 내가 강건하고 행복하기를….'

사랑하는 가족과 지인들의 모습을 떠올리면서 마음속으로
자애를 보냅니다.

'부디 그들이 강건하고 행복하기를….'

'부디 그들이 강건하고 행복하기를….'

내 주변의 모든 생명에게 마음속으로 자애를 보냅니다.

'부디 생명 있는 모든 존재가 행복하며 고통에서 벗어나기를….'

'부디 생명 있는 모든 존재가 행복하며 고통에서 벗어나기를….'

명상을 마치면서 "모든 것은 변한다."라는 '무상'의 진리를 다시 한번 되새깁니다. '오늘'이라는 시간과 공간이 사라지는 것을 느낍니다. 내 주변의 모든 존재가 나와 연결되어 있음을 머리가 아닌 가슴으로 느끼면서 저녁명상을 마무리합니다. 저녁을 닫는 '3분 명상'은 내 앞에 새롭게 펼쳐진 오늘이라는 꽃밭에다가 좋은 씨앗을 뿌리는 것과 같습니다. 각자 자신의 취향에 맞는 내용으로 하루를 열고 닫는 '3분 명상' 프로그램을 만들어서 매일 실천해 보세요.

05

자애 慈愛
개발하기

전화와 만남의 자애

하루를 열고 닫는 '3분 명상'은 오늘이라는 꽃밭에다가 좋은 씨앗을 뿌리는 것입니다. 한편 자애의 마음을 스스로 개발하는 것은 이 씨앗들이 잘 자라날 수 있도록 물을 주고 가꾸는 것과 같습니다. 일상에서 다른 사람들을 대상으로 가장 자주 발생하는 일은 전화와 만남일 것입니다. 저자는 누군가에게 전화를 걸 때마다 먼저 약 5초 동안 자애명상을 합니다. 전화를 걸려는 상대방의 모습을 연상하면서 자애를 보냅니다. 어떤 사람과 만나기로 약속이 되어 있는 경우에도 이와 같은 방식으로 먼저 자애를 보냅니다.

> 상대방 누구누구가 **부디 평화롭고 행복하기를** ….
> 상대방 누구누구가 **부디 평화롭고 행복하기를** ….

사전에 약속이 되어 있지 않은 우연한 만남도 위와 동일한 방법으로 자애를 보낼 수 있습니다. 예를 들면 자동차를 운전하는 중에 어떤 운전자가 갑자기 끼어들면 그 운전자에게도 마음속으로 자애를 보냅니다. 상대 운전자에게 욕을 하는 대신에 오히려 자애를 보내는 것은 쉬운 일이 아닙니다. 그렇지만 화를 내지 않기 위한 방법으로 이만큼 좋은 것은 없으며 묘한 즐거움도 느낄 수 있습니다. 또한 노약자가 횡단보도를 힘들게 지나가는 모습을 보면서도 마음속으로 자애를 듬뿍 보냅니다.

저 운전자가 **부디 안전하고 행복하기를** ….
저 노약자가 **부디 안전하고 행복하기를** ….

"자애는 사랑, 우호, 연민, 호감과 같은 뜻입니다. 다만 이것은 신의 은총과 같은 것이 아니라, 스스로 마음수행을 통해서 닦고 개발한 것으로서 모든 존재가 다 행복하고 평안하기를 바라는 거룩하고 고결한 마음입니다." 자애 수행의 목적은 자신의 자애심을 개발하는 것입니다. 몇 번 체험 삼아서 해 보는 것이 아니라 매일매일 전화나 만남 등이 있을 때마다 진정성을 담아서 자애를 보내야 합니다. 앉아 있거나 서 있거나 걸어가는 동안에도, 짜증 나게 하는 사람을 만났을 때도, 불쌍한 사람을 만났을 때도, 그 상대방에게 진정성 있는 자애를 보내는 체험을 해 보세요.

> 저 사람이 **부디 고통에서 벗어나기를… 행복하기를…**.
> 저 사람이 **부디 고통에서 벗어나기를… 행복하기를…**.

　자애를 꾸준히 개발하면 사람이 달라집니다. 자애를 기르는 수행은 마음을 너그럽게 쓰는 수행법 중에서도 가장 중요하게 취급됩니다. 자애를 기르면 사회적 유대감, 긍정적 정서, 분노 조절, 스트레스 감소 등에 매우 좋은 효과가 있다고 합니다. 이는 국내외의 많은 논문을 통하여 입증되었습니다.

　제2 인생을 시작하는 사람들은 갑작스런 정체성 상실과 관계 단절에 따르는 분노와 불안, 위축과 혼란 등의 부정적 심리현상을 경험합니다. 자애 수행은 제2 인생을 시작하는 사람들에게 특히 효과가 높은 좋은 수행법으로서 강추합니다. 저자도 퇴직 이후에 수년간의 꾸준한 자애 수행을 통하여 삶의 커다란 변화를 직접 경험한 바 있습니다.

연민과 용서의 자애

　자애가 연민을 바탕으로 하면 더욱 강력한 효과가 있다고 합니다. 연민이란 내가 상대방의 슬픔을 함께 감싸 안을 수 있는 마음입니다. 내가 상대방의 슬픔과 괴로움을 조금이라도 덜어주기 위해 노력할 수 있는 마음입니다. 연민의 마음을 비심悲心이라고도 합니다. 연민의 마음은 자애를 기르기 위한 강력한 연료가 됩니다.

　머리가 하얗게 센 어느 60대 남성이 광장 구석에서 옷가지들을 펼쳐 놓고 팔고 있습니다. '저 사람도 어느 날 갑자기 직장에서 등 떠밀린 가장이겠지?' 그 사람이 피곤에 지친 모습으로 밤늦게 귀가하는 모습을 상상하면 연민의 감정이 일어납니다. 지하철역 앞 노상에서 하루 종일 쪼그려 앉은 채로 도라지를 팔고 있는 할머니를 보면서도 연민의 감정을 느낍니다. T셔츠와 도라지 몇 뿌리를 사 들고 집으로 돌아오는 길에 마음속으로 연민 어린 자애를 듬뿍 보냅니다.

> 아저씨가 **부디 건강하기를 … 행복하기를 …**.
> 할머니가 **부디 건강하기를 … 행복하기를 …**.

　자애는 용서를 바탕으로 할 때 가장 강력한 효과가 있다고 합니다. 내가 다른 사람에게 잘못을 지었다면, 나는 평화롭고 행복하게 살기 위해서 그로부터 용서받기를 원합니다. 마찬가지로 누군가가 나에게 잘못을 지었다면, 그가 평화롭고 행복하게 살 수 있도록 나도 그를 용서할 수 있어야 합니다. 내가 남들로부터 용서받기를 원하는 것처럼, 남들도 나로부터 용서받을 수 있어야 합니다. 용서는 자애를 기르는 가장 강력한 연료이며 이를 '진정한 용기'라고도 부릅니다.

　우리는 누구나 동시에 옳기도 하고 그르기도 합니다. 우리는 누구나 진정한 용기가 있기도 하고 어떨 때는 한없이 옹졸하기도 합니다. 나에게 해를 끼친 사람을 진정으로 용서하고 자애까지 보낸다는 것은 쉬운 일이 아닙니다. 그것은 '진정한 용기'가 있는 사람만이 할 수 있는 일입니다. 용서와 함께하는 자애는 자신에게 강력한 행복에너지가 되어 돌아옵니다.

도서관에서 책을 읽는데 옆자리에 앉은 어떤 청년이 계속 떠들어서 화가 났습니다. 직원에게 물었더니 병적 증상이 있다고 말했습니다. 부모 마음을 헤아리면서 그 청년에게 진정으로 건강하고 행복하기를 바라는 자애를 보냈습니다. 다음 날부터 사람들이 기피하는 그 청년의 옆자리에 일부러 앉았습니다. 그 청년에게 연민 어린 자애를 보내니까 그의 이상한 행동이 전혀 신경 쓰이지 않게 되었습니다.

2017년 새해 첫 주말에 태백산을 다녀왔습니다. 인터넷 예약으로 버스에 함께 탄 사람들이라 서로 모르는 사이였고 16시 30분에 귀경하는 것으로 공지되었습니다. 그런데 어느 부부가 17시까지도 탑승하지 못하여 버스가 약속 시간에 출발하지 못했습니다. 출발을 기다리던 승객들 중 일부가 폭발했습니다. "그냥 당장 출발하라."며 운전사에게 고래고래 소리치는 사람도 있었습니다. '그들이 다치지 않고 무사하기를…… 건강하기를…….' 이렇게 마음속으로 자애를 보냈습니다. 그 부부는 버스로 돌아왔고 무릎에 이상이 생겼기 때문에 늦었다고 말했습니다. 그들의 건강한 모습을 보면서 오히려 감사함을 느꼈습니다.

다른 사람을 사랑하는 것은 세상에서 가장 어려운 일로, 다른 모든 일은 그것을 위한 준비에 불과하다. 타인을 사랑하는 것은 우리에게 엄청나게 힘든 과제인 동시에, 우리로 하여금 광대한 것들에 눈뜨게 한다.

– 라이너 마리아 릴케

증오하는 사람에게 자애를 보내는 것은 쉽지 않습니다. 따라서 자애를 보내는 것이 어렵다면 증오라도 지울 수 있어야 합니다. 증오를 지우는 방법은 두 가지가 있습니다. 하나는 용서하는 것forgive이고, 다른 하나는 잊어버리는 것forget입니다. 용서하는 것은 마음속에서 놓아 버리는give 것이고, 잊어버리는 것은 마음속에서 삭이는get 것입니다. 마음속에 증오라는 무거운 납덩이를 달고 산다는 것은 참으로 고통스런 일입니다. 그 납덩이 때문에 증오하는 상대방보다도 오히려 나 스스로가 먼저 병에 걸리고 말 것입니다.

아인슈타인은 "약한 사람은 복수하고 강한 사람은 용서하며 현명한 사람은 무시한다."라고 말했습니다. 증오하는 상대방을 용서하든 잊든 우선 나부터 행복하게 살고 볼 일입니다. 그러기 위해서는 증오를 지우는 일이 필요합니다. 데일 카네기도 "좋아하지 않는 사람에 대한 생각으로 소중한 시간을 낭비하지 말라."라고 충고했습니다. 상대방에 대한 미운 생각을 마음속에 오래 붙들고 있어 봐야 나의 행복에 도움 될 일은 전혀 없습니다. 증오부터 지워버려야 행복도 비로소 시작될 수 있습니다.

언제 어디서나 그때그때 상황에 맞는 내용으로 상대방에게 자애를 보내는 습관을 기른다면 정말로 행복해집니다. 그것이 '연민 어린 자애'라면 더욱 강력한 효과가 있습니다. 한발 더 나아가 '용서 실린 자애'라면 당신은 진정으로 용기 있고 행복한 사람입니다.

06

고정관념
내려놓기

고귀한 침묵

나이들수록 그동안 살아온 삶의 환경과 방식이 다르기 때문에 주의, 주장, 관점, 입장도 크게 다를 수밖에 없습니다. 각자의 고정관념이 대립하면 갈등이 걷잡을 수 없이 커집니다. 나이 들면 고정관념이 더욱 강해지는데 이것을 누그러뜨리지 못하면 후유증이 클 수밖에 없습니다. 고집불통의 외골수가 되어서 본인도 괴롭고 주변 사람들도 피곤해집니다.

강력한 고정관념을 세워 놓고서 이를 기준으로 상대방을 누르려고 합니다. 자신의 주장이 받아들여지지 않으면 싸우고 헐뜯기 일쑤입니다. 어떤 지인은 매우 가까운 친척과 싸우고 일부러 이사를

갔습니다 마주치기 싫다는 이유만으로. 그들은 서로에 대한 분노와 비난을 입에 달고 삽니다. 각자의 고정관념을 스스로 인정할 수 있다면 쉽게 해결될 수 있는 문제입니다.

'침묵'은 고정관념에 의한 갈등을 예방할 수 있는 단순명쾌한 방법입니다. 침묵도 꾸준한 연습이 필요한 고난도 기술입니다. 남의 말에 끼어들거나 대립하지 않고 최대한 길게 '무조건 침묵'하는 연습을 해 보세요. 남들이 무슨 말을 어떻게 하든 마음속으로 '침묵!' '침묵!'이라고 다짐하면서 최대한 버텨내는 연습을 해 보세요.

침묵에도 등급이 있습니다. 처음에는 '무조건 침묵'으로 시작하지만 나중에는 '고귀한 침묵'으로 레벨업 Level-up해야 합니다. 남의 말을 무시하고, 회피하고, 저항하고, 숨기기 위한 '무조건 침묵'은 수준 낮은 침묵입니다. '고귀한 침묵'이란 '진지한 경청'과 함께하는 수준 높은 침묵이며 따뜻하고 부드러운 대응을 늘리는 절제된 침묵입니다. 또한 나쁜 느낌이 올라올 때 즉각 반응하지 않고 느낌을 알아차리면서 흘려 보낼 수 있는 성숙한 침묵입니다.

> 화가 치밀 때는 열까지 센 후에 말하라. 그래도 참기 어려우면 백까지 세라.
> — 토마스 제퍼슨, 미국 제3대 대통령

> 입과 혀라는 것은 화와 근심의 문이고, 몸을 죽이는 도끼와 같다.
> — 빌 게이츠

진지한 경청

'진지한 경청'은 자신을 변화시키는 매우 강력한 촉매입니다. 이는 상대방의 말을 듣고 있으면서 이를 비교·분석·판단하거나 변화시키려 하지 않는 자세입니다. 상대방의 말을 있는 그대로 온전하게 받아들일 수 있는 능력입니다. 상대방에 대한 관심을 행동으로써 보여줄 수 있는 가장 단순하고 확실한 방법은 상대방의 말을 진지하게 경청하는 것입니다.

제2차 세계대전 때 아우슈비츠 수용소에 갇혀 있다가 겨우 살아 돌아온 빅터 프랭클Viktor Frankl이라는 학자가 있습니다. 오스트리아 출신의 정신과 의사로 피츠버그대학교 교수였던 그는 자살을 결심한 어느 남자로부터 전화를 받았습니다. 이 남자는 "세상은 살 만한 가치가 있다."라며 자살을 포기했습니다. 그 이유는 빅터 프랭클이 이른 새벽에 무려 세 시간 동안이나 그의 말을 진지하게 경청해 주었기 때문이었다고 합니다.

누군가가 진심으로 남의 말을 경청해 준다는 것만으로도 놀라운 심리치료 효과가 발생할 수 있다고 합니다. 이것은 과학적으로 입증된 사실입니다. '진지한 경청'을 실천하면 나와 상대방 모두가 행복해집니다. '진지한 경청'의 능력은 꾸준한 연습을 통해서 길러질 수 있습니다. 이에 대한 구체적 연습법을 다음과 같이 소개합니다.

■ '온 마음'으로 듣기

귀를 쫑긋 세우고 상대방 말을 놓치지 않는 것만으로 '진지한 경청'이 되는 것은 아닙니다. 상대방의 말을 단어 하나하나에 얽매여 따라가면 생각과 생각의 부딪힘만 생깁니다. 이렇게 되면 비교·분석·판단을 거쳐서 자신의 에고ego나 고정관념을 드러내게 됩니다. 귀로 듣고 머리로 해석하려고 하지 말고 '온 마음'으로 들을 수 있어야 합니다.

저자도 남의 이야기를 처음부터 끝까지 100% 진지하게 경청하지 못하고 도중에 어떤 부분을 낚아채서 분석하고 반론하고 질문할 궁리부터 하는 경우가 많습니다. 이렇게 하면 처음에는 똑똑하게 잘 짚었다는 자부심이 들기도 합니다. 그러나 나중에는 '그때 그냥 가만히 있을걸.' 하면서 후회하고 수치심을 느낍니다. '온 마음'으로 듣기 위해서는 남의 말을 지적질하고 반론하려는 습관을 버리고 듣는 일에만 집중할 수 있어야 합니다.

■ '현존現存' 존중하기

상대방이 아동이거나 후배이거나 능력이 뒤떨어지거나 평소에 마음에 안 드는 사람일 수도 있습니다. 그렇다고 상대방의 현존을 얕보거나 무시하면 '진지한 경청'은 근본적으로 불가능합니다. 성담스님의 말처럼 "풋과일이 떫은 것은 당연하며, 사실 따지고 보면 그들도 나도 모두 풋과일"입니다. 상대방의 '현존'을 있는 그대로 존중할 때 비로소 '진지한 경청'이 가능합니다. 아울러 나에 대한 '깨어있는 현존'도 함께 느낄 수 있어야 합니다.

몸, 감각, 마음으로부터 나 자신의 깨어있는 현존을 알아차리면서 경청해야 합니다. 그냥 아무 생각 없이 멍하니 귀만 열고 있는 것은 '진지한 경청'이 아닙니다. 상대방과 나의 현존을 있는 그대로 존중하고 느끼면서 '온 마음'으로 들을 수 있어야 합니다.

■ '공감'의 지혜

부엉이와 수탉의 일화입니다. 부엉이가 먼저 말했습니다. "하늘에 밝고 둥근 것이 떠오르면 세상이 점점 어두워지고 추워진다." 이번에는 수탉이 말했습니다. "하늘에 밝고 둥근 것이 떠오르면 세상이 점점 밝아지고 따뜻해진다." 부엉이는 달을 보았던 것이고, 수탉은 해를 보았던 것입니다. 서로가 자기의 입장과 관점에서만 주장하면, 견해 충돌로 다툼이 일어날 수밖에 없습니다.

'이해한다understand'는 말은 '상대방이 서 있는 그 자리stand 아래에 서under, 즉 상대방의 입장에서 바라본다.'라는 뜻입니다. 남편은 아내의 자리에서 아내는 남편의 자리에서, 나는 너의 자리에서 너는 나의 자리에서, 상사는 부하의 자리에서 부하는 상사의 자리에서 바라보는 것입니다. 이해는 공감하는 것이며 참다운 지혜입니다. 공감은 찬성이 아닙니다. 찬성하지 않아도 공감할 수 있습니다. 공감은 좋아함이 아닙니다. 좋아하지 않아도 공감할 수 있습니다. 생각은 각자가 가지고 있는 다른 조건들이 만들어 냅니다. 따라서 각자의 생각은 다른 것이 당연합니다. 서로 다른 생각들을 진지하게 경청하고 이해할 수 있는 것이 '공감'의 지혜입니다.

'진지한 경청' 연습

2인 1조 또는 3인 1조로 마주보고 둘러앉습니다.

- **잘못된 경청** : 한 명씩 돌아가면서 5분 동안 자기 생각이나 의견을 말함. – 다른 사람들은 평소 습관대로 반응함. 지루해서 몸 비틀기, 딴짓하기, 잡담하기, 말꼬투리 잡기, 끼어들기, 의견 다투기 등

- **진지한 경청** : 한 명씩 돌아가면서 5분 동안 자기 생각이나 의견을 말함.– 다른 사람들은 '진지한 경청' 연습. 온 마음으로 듣기, 현존을 존중하며 느끼기, 내용 확인하며 공감하기, 그러셨군요! 이해합니다! 등등

- **나누기** : 위의 체험에서 얻은 각자의 느낌과 생각을 나누기함

내면 청소하기

몸속 쓰레기

우리는 평소 엄청난 양의 쓰레기를 몸속에 방치하며 살아갑니다. 과도한 양의 술과 담배, 해로운 음식이 대표적 쓰레기입니다. 이것들을 언젠가는 정리해야겠다는 생각은 있지만 제대로 실천하지 못하고 그냥저냥 살아갑니다. 아무 생각 없이 쌓아둔 쓰레기들이 본격적으로 부패되어 몸과 마음을 무너뜨리기 시작하는 때가 제2 인생기입니다. 이때가 되어서도 대책 없이 살다가는 갑자기 경착륙할 수 있습니다. 큰 위험에 빠진 뒤에야 후회하면서 몸과 마음을 재정비하려고 애쓰지만 이미 때는 늦었습니다.

몸속에 쓰레기를 계속 투입하면서 한편으로는 몸에 좋다는 무슨 즙을 마시거나 보약을 착실히 챙겨 먹는 사람도 있습니다. 좋은 것을 먹는 것보다 더 중요한 것은 해로운 것을 먹지 않는 것입니다. 사랑하는 사람에게 원하는 것을 해주는 것보다 더 중요한 것은 싫어하는 것을 하지 않는 것입니다. 우리는 이 단순명쾌한 진리를 너무도 쉽게 놓치고 살아갑니다. '뭐 별일 있겠어? 사는 게 다 그렇지 뭐'라고 말하면서 습관적으로 쓰레기를 투기하고 있습니다.

'하버드대학교 성인발달연구'는 1938년부터 지금까지 79년째 인간의 행복을 연구합니다. 이에 따르면 55세에서 80세 사이의 건강에 가장 큰 영향을 미친 요인은 혈관계 질환이었다고 합니다. 가장 중요한 변인으로는 술, 담배, 혈압, 비만을 들었습니다. 한마디로 말해서 행복한 제2 인생을 원한다면 술·담배부터 끊으라는 결론입니다. 행복한 제2 인생을 위해서는 일단 건강하게 오래 살고 볼일 아니겠습니까? 술·담배 끊기에 도전해 보세요. 별것 아닙니다. 저자도 엄청난 애주·애연가였지만 단 한 번의 시도로 완전히 끊었습니다.

몸과 마음은 연결되어 있으며 상호 영향을 미칩니다. 따라서 마음수행을 하려면 몸에 대한 청소도 반드시 병행해야 합니다. 이것은 저자가 누구보다도 확실하게 체험해서 잘 알고 있는 사실입니다. 저자는 술·담배를 30년 이상 무척 즐기다가 지금은 완전히 끊었습니다. 오랫동안 몸에 밴 생활 습관을 바꾸는 것은 불편하고 낯선 일입니다. 그렇게도 좋아하던 술을 완전히 끊으니까 지인들이

"왜? 무슨 재미로 사느냐?"라고 반문을 합니다.

"갑자기 바뀌면 안 좋아!", "얼마나 오래 살겠다고?", "무슨 재미로 살아?" 이런 말들은 자기 합리화와 변명일 뿐입니다. 저자는 술·담배를 완전히 끊고 '재미없이 사는 것에 재미 붙이는 삶'을 살고 있습니다. 앞의 재미는 감각적 쾌락에 취하는 것을 말하고, 뒤의 재미는 고요함에 머무는 것을 말합니다. 우리는 대체로 감각적 욕망을 해소하는 방식의 재미에만 익숙합니다. 그것은 일시적 해소책일 뿐입니다. '들뜸 없는 고요함'이라는 색다른 재미에 익숙해지면, 이것이 더 지속적 평온과 충족감을 안겨 준다는 사실을 알게 됩니다.

■ 습관의 심리학

아래 그림은 하버드대학교 심리학과의 저드슨 브루어Judson Brewer 교수가 TED를 통하여 강연한 내용입니다. 여기에서 Mindfulness

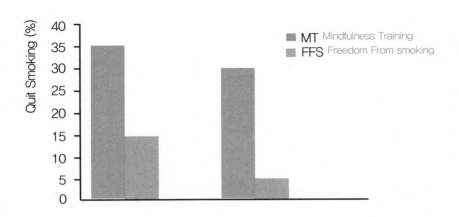

Training은 '알아차림 훈련' 또는 '마음챙김 훈련'으로 번역됩니다. 이 방법에 의한 금연치료가 시중에서 가장 많이 사용되는 치료법보다도 2배 이상의 효과가 있었다는 내용을 설명하고 있는 화면입니다.

　습관의 심리적 사이클에 대한 그의 통찰은 다음과 같습니다. 우리가 스트레스를 받으면 이에 대한 대응으로 '저장된 기억'이 작동합니다. '저장된 기억'은 음주·흡연과 같은 행동욕구를 발생시킵니다. 이것은 '정적 강화' 또는 '부적 강화'라는 보상체계에 영향을 주어서 그 발생빈도를 점점 증가시키게 됩니다.

　☞정적 강화: 가치 있는 어떤 것을 제공함으로써 바람직한 행동의 빈도를 증가시키는 것, 예를 들면 칭찬을 통해서 학습의욕을 고취하는 행위, ☞부적 강화: 원치 않는 어떤 것을 제거함으로써 바람직한 행동의 빈도를 증가시키는 것, 예를 들면 지각을 안 하면 숙제를 면제해주는 행위.

　다시 말하면 계기 → 행동 → 보상의 지속적 욕구 사이클 누적으로 인하여 음주나 흡연과 같은 습관이 계속 유지·강화될 수 있습니다. 따라서 마음챙김 훈련을 통하여 습관적 흡연을 의식적 흡연으로 바꿀 수 있다는 것입니다. 그러면 이성적 뇌인 전전두엽이 인지적 통제를 하게 됩니다. 그러나 스트레스를 받으면 전전두엽 대신에 '저장된 기억'이 먼저 작동하게 됩니다. 전전두엽의 이성적 통제는 지식에 해당됩니다. 따라서 이 지식이 지혜로 옮겨갈 수 있도록 하기 위해서는 의식적·자각적 호흡이 필요합니다. 그는 이것을 마음챙김 훈련이라고 규정했습니다.

'의식적·자각적 호흡'은 누구에게나 주어진 자연스런 능력입니다. '지혜'란 것은 습관의 사이클 중에 첫출발인 욕구가 육체적·일시적 감각임을 알고 이를 기꺼이 대면하려는 자발적 의지를 말합니다. 의식적·자각적 호흡과 함께 지혜를 증장하면 욕구에 휩쓸리지 않게 됩니다. 욕구에 휩쓸린다는 것은 오래된 반작용적 습관 패턴인 '저장된 기억'으로 회귀한다는 뜻과 같습니다. 의식적·자각적 호흡과 함께 무슨 일이 일어나는지를 명확하게 알아차리면, '욕구를 내려놓는 기쁨'을 즐길 수 있게 된다는 것입니다.

저드슨 브루어는 마음챙김 훈련의 구체적 방법으로써 '보조연상법'을 제시했습니다. 이것은 나쁜 모습과 좋은 모습을 시각적으로 연상하는 방법입니다. 예를 들면 술·담배를 끊으니까 얼굴빛이 맑게 변한 모습을 시각적으로 느껴보는 것입니다. 부정적 생각을 긍정적 생각으로 바꿔주는 것이 '보조연상법'의 핵심입니다. 저자의 금주 성공사례도 일종의 '보조연상법'과 비슷한 원리라고 생각되는데 그 자세한 방법은 다음과 같습니다. 저자가 체험한 방법을 철저하게 따라 한다면 누구든지 원하는 결과를 얻을 수 있을 것이라고 생각합니다.

■ 미·사·리 명상

저자가 30년 넘는 과도한 음주 습관을 단 한 번의 시도로 완전히 끊을 수 있었던 비결은 '알아차림'에 있습니다. 어떤 고정된 습관에 대하여 명확한 '알아차림'을 하면 그것에 대한 새로운 통찰력이 생깁니다. 이것은 아주 흥미로운 체험이므로 여러분들께서도 직접 체험해 보시기를 강추합니다. 저자는 '미사리 명상'이라는 재미있는 방법을 통하여 '내 몸 안에서 무슨 일이 일어나고 있는지'를 알아차림 해 보았습니다.

'미사리 명상'은 저자가 직접 고안한 방법으로서 '미안해·사랑해·이해해'의 줄임말입니다. 내 몸안에 있는 장기臟器들이 '누가 더 3D Difficult Dangerous Dirty 업종인가'를 주제로 웅변대회가 열린다고 연상합니다. 먼저 간의 주장이 들립니다. "이건 사람이 아니라 술독이다. 매일 엄청난 양의 술을 해독하느라 정말로 죽을 맛이다." 이번에는 위의 주장이 들립니다. "내가 더 힘들다. 맵고 짠 음식과 밤낮 없는 과식 때문에 소화시키느라 쉴 겨를이 없다." 이어서 대장의 화난 주장도 들립니다. "소독하고 소화시켜 놓은 엄청난 양의 쓰레기들을 저장하고 있느라 무척 괴롭다." 장기들이 저마다 분노에 찬 연설을 한 후에 간, 위, 대장이 각각 1위, 2위, 3위로 결정되는 시상식 장면도 연상했습니다.

저자가 자주 다녔던 감자탕 집의 벽면에 진열되어 있는 술병들도 연상했습니다. 길고 커다란 유리병 속에 인삼, 버섯, 솔방울 등을 담가 놓고 술을 가득 부어서 진열해 놓은 것들이었습니다. 저자의 배 속도 그와 비슷한 모습으로 연상되었습니다. 인삼, 버섯, 솔방울 대신에 간, 위, 대장을 담가 놓고 그 위에 술을 가득 부어 놓은 모습 이었습니다. 수십 년 묵은 간주, 위주, 대장주를 몸속에 진열해 놓 고 자랑하는 철없는 모습을 연상할 수 있었습니다.

미사리 명상을 통하여 있는 그대로를 알아차리고 통찰해 보았습 니다. '내가 그동안 술에 너무 습관적으로 집착했었구나!', '내재된 고통을 술로써 피하거나 억누르려 했었구나!', '욕락에 취하는 대가 로 간, 위, 대장을 일방적으로 희생시키고 있었구나!', '간, 위, 대장 이 나를 얼마나 원망했을까?' 간, 위, 대장에게 진심으로 고맙고 미 안한 마음이 들었습니다. 배를 부드럽게 Body Scan하면서 간, 위, 대장에게 자연스럽게 말을 걸었습니다.

'간아! 위야! 대장아!' '미안해! 사랑해! 이해해!' '미·사·리' '미·사·리'
'간아! 위야! 대장아!' '미안해! 사랑해! 이해해!' '미·사·리' '미·사·리'

술·담배를 끊으면 일시적 금단현상이 올 수 있습니다. 이 때문 에 은단, 껌, 전자담배, 사탕 이런 대체물을 사용하는 것은 잠재 욕 구에 불을 붙이는 행위입니다. 강한 잠재적 욕구를 대체물로써 일시적으로 억누르는 것에 불과합니다. 어느 특별한 만남이나 사건이 생기면 그때만 예외를 인정하는 행위도 마찬가지입니다. 금연과 금주에 성공하려면 한 가지 원칙을 확실히 지켜야만 합니다. 그것은 '대안 없이 No Alternative 예외 없이 No Exception' 지켜야 한다는 것입니다. 금단현상은 일시적이며 '알아차림'만으로 무난히 극복될 수 있습니다. 자각적 호흡과 알아차림에 익숙해지면 오래된 습관도 바꿀 수 있습니다.

마음속 쓰레기

몸뿐만 아니라 마음속에도 엄청난 양의 쓰레기가 방치된 채 쌓이고 있습니다. '생각'과 '감정'이란 것들의 대부분은 과거 또는 미래와 관련된 반복적이고 부질없는 쓰레기에 불과합니다. 우리는 생각과 감정이라는 그럴듯한 이름의 쓰레기에 파묻혀서 살아갑니다. 특히 제2 인생기는 갑작스런 변화에 따르는 분노와 불안, 위축과 혼란으로 부정적 생각과 감정이 많을 때입니다. 마음속의 생각쓰레기들은 서로에게 먹이를 공급하면서 계속 생겨나고 자라납니다. 따라서 생각쓰레기들에 대한 꾸준한 청소 작업이 필요합니다.

첫째. 건강보다 소중한 것은 없으며 '신체 건강' 못지않게 '마음 건강'도 중요합니다. 몸의 변화는 유한하지만 마음의 변화는 무한합니다. '마음 건강'을 위해서는 일상생활 속에서 생각쓰레기를 효과적으로 청소할 수 있는 '내면의 힘'을 길러야 합니다.

둘째. 마음속 쓰레기의 대부분은 과거나 미래와 관련된 쓸모없는 생각이나 감정들입니다. 온갖 종류의 생각과 감정이 과거나 미래를 왔다 갔다 하면서 방황하지 않도록 지금 여기에 머물러야 합니다. 삶을 '지금 여기'라는 말뚝에다가 확고히 붙들어 매놓는 '습관에너지'를 길러야 합니다.

셋째. 삶이 '지금 여기'에 제대로 머물러 있어야 합니다. '지금 여기'에 머문다는 것은 그냥 막연히 멍때리고 있는 것이 아닙니다. '지금 여기'에서 느낌, 생각, 의도 등을 알아차리면서 그것들을 있는 그대로 바라보고 흘려 보낼 수 있어야 합니다.

생각쓰레기를 청소하는 간단한 명상 하나를 소개합니다. 이것은 나무명상 또는 강물명상이라고 이름을 붙일 수도 있겠습니다. 명상을 지도하는 사람이 시나리오를 은은하게 들려주면서 함께 명상하면 좋습니다. 혼자서 명상을 하는 경우에는 시나리오의 내용을 마음속으로 연상하면서 할 수 있겠습니다.

나무와 강물 명상

'긴 숨'을 들이쉬고 내쉽니다. '짧은 숨'을 들이쉬고 내쉽니다.
들이쉬고 내쉬는 숨의 숲 과정을 처음부터 끝까지 따라갑니다.

- 나는 강가에 서 있는 한 그루의 큰 나무입니다.
- 나에게는 '생각'이라는 잎들이 많이 달려 있습니다.
- 걱정, 소외감, 두려움, 집착이라는 생각의 잎들이 달려 있습니다.
- 내가 서 있는 바로 옆으로 큰 강물이 흘러갑니다.
- 나는 생각이라는 잎들을 하나씩 떼어내서 강물에 띄워 보냅니다.
- 근심과 걱정이라는 생각의 잎을 강물에 띄워 보냅니다.
- 소외감과 집착이라는 생각의 잎을 강물에 띄워 보냅니다.
- 두려움과 걱정이라는 생각의 잎을 강물에 띄워 보냅니다.
- 이걸 할까? 저걸 할까? 망설임의 잎을 강물에 띄워 보냅니다.
- 이름, 생김새, 아픈 모습까지도 모두 강물에 띄워 보냅니다.
- 이제 나무 한 그루가 강가에 그냥 홀가분하게 서 있습니다.
- 나는 시원한 산들바람을 맞으면서 온전히 편안하게 서 있습니다.
- 그동안 나라고 알고 있었던 생각의 잎들은 강물에 모두 떠내려갔습니다.
- 이제 나는 한그루의 건강하고 튼튼한 나무가 되어 다시 서 있습니다.
- 그런 나의 모습을 그대로 허용하면서 기쁜 마음으로 서 있습니다.

잠시 기다린 후 종료 타종

자신과
우정 쌓기

친구가 된다는 것

"Treat yourself well! Cherish others!", "자신에게 잘 대하라! 남들도 소중히 대하라!" 스티브 잡스가 남긴 마지막 말 중 일부입니다. 나를 행복하게 만드는 주인공은 바로 나 자신입니다. 그래서 현인들은 "내 마음의 평화를 지키는 것은 다름 아닌 나 자신이니 밖에서 답을 찾지 말라! 답은 그대 안에 있다."라고 가르쳤습니다. '내 몸을 위한 최고의 의사는 나 자신'이라고 합니다. 나를 위한 최고의 치료행위는 자신을 사랑하고 존중하는 것입니다. 심각한 유방암으로 임사체험을 한 후에 기적처럼 살아났던 아니타 무르자니Anita Moorjani는 자기 자신에 대한 사랑의 중요성에 대하여 다음과 같이 증언했습니다.

정말 힘든 시기를 겪고 있는 사람들에게 거리낌 없이 말하고 싶다.
우리 시대에 가장 깊숙이 숨겨진 비밀을 말하고 싶다.
'그저 믿고 내려놓기만 하면 된다.' 답은 바로 '자기를 사랑하는 것'이다.
스스로를 사랑하는 것이 치유의 핵심이다.

나와 우정을 쌓는다는 것은 나를 사랑하고 나에게 친절한 태도를 취하는 것입니다. 내 마음대로 살아가도록 내버려 둔다는 뜻은 아닙니다. 우리는 스스로를 폄하하거나 또는 무관심하게 대하는 경우가 많습니다. 자기혐오를 극복하고 자기 스스로와 우정을 쌓는 것 자체가 훌륭한 명상이고 마음수행입니다. 다른 사람과 우정을 쌓는다는 것과 나와 우정을 쌓는다는 것은 원리적으로 동일합니다.

- 신뢰하고 존중할 수 있어야 합니다.
- 나만의 관점고정관념으로 상대방을 대하지 말아야 합니다.
- 힘들어할 때 친절한 위로와 이해, 따뜻한 격려와 도움을 주어야 합니다.
- 속마음은 다르면서 겉으로 친절한 척Sugar coating 속이지 말아야 합니다.
- 싫은 점도 끌어안을 수 있어야 합니다.

누구나 어떤 형태로든 '오래된 눈물'을 갖고 있습니다. 아직 아물지 않은 신체적·정신적 상처 또는 말에 의한 상처를 갖고 있습니다.

때로는 말에 의한 상처가 더 강하고 오래갈 수도 있습니다. 우정을 쌓으려면 이러한 상처를 친절하게 끌어안을 수 있어야 합니다. 예를 들어 감기에 걸렸다면 나의 몸은 바이러스와 전쟁 중입니다. 따라서 몸에 대한 따뜻한 격려와 지원이 필요합니다. 고통에 마음을 열고 고통에 사랑을 보내면 일시적 역류현상이 발생될 수도 있습니다. 마치 밀폐된 공간의 불을 끄려고 출입문을 갑자기 열면 불길이 확 닥쳐오는 것과도 같습니다. 상처를 치유하기 위해서는 이러한 일시적 역류현상도 있는 그대로 알아차리고 수용하며 호의를 베풀 수 있어야 합니다.

친절한 바디스캔Body Scan

친절한 바디스캔이란 스트레스나 정서적 불편감이 있을 때 자신의 몸을 부드럽게 어루만져 주는 행위입니다. "몸을 부드럽게 어루만지면 옥시토닌이 방출되고 안전감을 제공하며 괴로운 정서를 진정시켜 주고 심장혈관 스트레스를 줄여 준다."라는 연구가 있습니다. 스트레스나 정서적 불편감은 몸의 특정 부위에 대한 이상 현상으로 나타날 수 있습니다.

딸이 어느 날 새벽에 통증을 갑자기 호소했습니다. 응급실에 가야 할 정도로 심한 통증이었는데 별다른 비상약도 없는 상황이었습니다. 통증이 발생한 원인을 생각한 후에 스스로 바디스캔을 통한 응급조치를 하도록 조언했습니다. 그 결과 그렇게도 심하던 통증이 서서히 진정되기 시작했습니다. 알아차림과 바디스캔을 통한 응급처치 덕분으로, 새벽에 응급실로 실려 가는 황당한 일은 피할 수 있었습니다.

평소에는 시험 전날에 준비를 완전히 끝내고 잠드는 습관이 있었습니다. 그런데 그 날은 새벽 시간으로 공부를 미뤄놓고 일찍 잠자리에 들었답니다. 이 낯선 상황에 대하여 '마음'이 문제를 제기한 것으로 판단했습니다. 무의식은 잠들어 있는 시간에도 제 기능을 수행한다고 합니다. "이런 일이 없었잖아! 갑자기 왜 이러는 거야?" 이런 식으로 무의식이 '이유 있는 문제 제기'를 한 것이라고 보았습니다. '저장된 기억'에 의한 익숙한 프로그램이 갑자기 작동되지 않으니까, 무의식이 강력한 이상 신호_{몸의 통증}를 보낸 것이라고 보았습니다. 따라서 바디스캔을 통하여 통증 부위에 친절을 베풀도록 권유해 보았습니다.

따뜻한 물을 마신 후 몸 전체를 이완하고 호흡에 집중했습니다. 통증 부위를 최대한 친절하고 부드럽게 스스로 바디스캔했습니다. 마음속으로 무의식에게 대화도 걸었습니다. '걱정해 줘서 진심으로 고마워. 너무 걱정하지는 마! 준비가 다 돼 있어. 잘 될 거야!" 호흡명상과 함께 친절한 바디스캔을 계속한 후에 통증이 차츰 진정되었습니다.

저자가 무슨 신통력을 발휘해서 통증을 치유했다는 말을 하려는 것은 절대 아닙니다. 마음속의 강력한 스트레스는 몸의 이상 현상 통증, 설사, 두통 등으로 나타날 수도 있다는 사실을 예증하려는 것 뿐입니다. 몸과 마음은 연결되어 있으며 서로 영향을 미칩니다.

따라서 통증이 있는 특정 부위에 바디스캔으로 사랑을 보내면, 마음의 치유에도 도움을 줄 수 있다는 사실을 강조 하려는 것입니다. 바디스캔을 위한 시나리오를 소개합니다. 이것은 하나의 예시일 뿐이므로 똑같은 내용으로 할 필요는 없습니다. 자신의 상황에 알맞는 내용으로 적절히 변경해서 부드럽고 따뜻한 손길로 바디스캔을 하면 됩니다.

친절한 바디스캔 연습

몸에서 불편함이나 통증이 느껴지나요? 그 부위를 위로합니다. 그 부위에 손을 올려놓습니다. 괴로운지 불편한지를 느껴보고 모든 감각을 있는 그대로 편안하게 내버려 둡니다.

손바닥이 따뜻한 수건이라고 생각하며 통증 부위를 부드럽게 어루만집니다. 그리고 위로의 말을 건넵니다. '통증과 불편함이 있지만 괜찮아!' 따뜻하게 어루만지며 다시 위로를 보냅니다. '괜찮아! 견딜 만해! 곧 좋아질 거야!'

발에서 통증이나 불편함이 느껴지나요? 발에게 따뜻한 위로의 말을 건넵니다. '발아! 괜찮아. 통증과 불편함이 있지만, 괜찮아! 고마워! 사랑해!'

발에게 진심 어린 감사의 말을 건넵니다. '이렇게 작은 발바닥으로 무거운 몸을 하루 종일 떠받치고 있었구나!' '너에게는 거의 관심조차 기울이지 않았는데도 언제나 묵묵히 서 있었구나!'

배에서 통증이나 불편함이 느껴지나요? 배에게 따뜻한 위로의 말을 건넵니다. '배야! 괜찮아. 통증과 불편함이 있지만 괜찮아. 고마워!'

배에게도 진심 어린 감사의 말을 건넵니다. '하루 종일 거친 음식물을 다루며 에너지를 만들기 위해서 수고가 많구나!' 고마운 배를 부드럽게 어루만지며 따뜻하게 위로합니다.

우리는 남들이 고통을 겪을 때 친절한 위로의 말을 건넬 줄 압니다. 그런데 정작 나 자신이 고통을 겪을 때는 친절한 위로는커녕, 고통의 원인을 인정하지도 않으며 무턱대고 짜증부터 내기 일쑤입니다.

나도 나 자신으로부터 고통을 위로받고 싶어 합니다. 남들에게서 받는 위로보다도 나 스스로에게서 받는 위로가 더 강력한 힘이 됩니다. 고통 받고 있는 나 스스로를 친절하게 위로하는 습관이 필요합니다.

내면 바라보기

내면과의 만남

나의 내면을 만나기 위한 가장 쉽고 빠른 길은 호흡으로 돌아가는 것입니다. 호흡은 익숙하고 편안한 고향집과 같습니다. 날뛰는 마음을 호흡이라는 말뚝에 붙들어 매 놓으면 평온해집니다. '지금 여기'의 삶으로 돌아오는 가장 빠른 길은 호흡을 놓치지 않고 자각하는 것입니다. 이것은 동서고금의 수행자들에 의하여 수천 년 동안 이어져 온 좋은 수행법입니다. 호흡으로 돌아가면 복잡하고 시끄러운 머리를 진정시킬 수 있습니다. 호흡을 거머쥐고 그 숨 과정에 집중할 수 있다면 '지금 여기'에 존재하면서 내면과 만날 수 있게 됩니다.

호흡을 통한 알아차림을 생활화하면 생각의 습관이 바뀝니다. 부정적 감정에 휘둘리지 않게 됩니다. 뇌과학에서도 "부정적 감정은 알아차리기만 하면 몸의 자동조절장치가 작동된다. 알아차림은 뇌의 감정처리시스템인 편도체에 영향을 주어서 마음을 조절하게 된다."라고 설명합니다. '알아차림'은 부정적 감정의 울타리에 스스로를 가두는 나쁜 습관을 완화시켜 줍니다. 또한, 부정적 감정을 자비심으로 대처하도록 만듭니다.

앉아 있거나 서 있거나 걷고 있거나 틈만 나면 호흡으로 돌아가는 습관을 길러 보세요. 지하철이나 버스를 타고 이동 중이거나 잠깐의 휴식을 취하는 시간에도 눈을 감고 호흡으로 돌아가 보세요. 척추를 바로 세우고 어깨를 곧게 펴고 몸 전체를 편안히 이완한 자세에서 '긴 숨'과 '짧은 숨'을 알아차리면서 호흡의 전체 여정을 가만히 따라가 보세요.

☞ 호흡명상에 관한 세부내용은 제2장 참고

호흡에 집중하면서 그 과정을 지켜보는 것은 단순한 것 같지만 쉬운 일이 아닙니다. 호흡하는 동안에 마음속에 저장되어 있는 온갖 종류의 기억과 생각들이 튀어나옵니다. 자기들끼리 채팅을 하기도 하고 싸움을 걸기도 합니다. 들숨과 날숨에 집중하면서 그때그때 일어나는 감각, 느낌, 생각, 감정, 대상을 있는 그대로 알아차리며 지켜보세요. 가만히 지켜보고 있으면 그 시끄러운 녀석들은 스스로 싸움을 멈추고 고요해질 것입니다.

　명상 전문단체를 찾아가면 긴 시간 동안 앉아서 호흡에 집중하는 법을 배웁니다. 이처럼 명상 전문단체를 통하여 호흡명상을 익히고 체험을 공유하는 것도 좋습니다. 그러나 저자의 경우처럼 일상 속에서 틈만 나면 짧게라도 호흡으로 돌아가서 집중하는 습관을 기르는 것도 매우 효과적 방법입니다.

　몸과 마음이 지치면 침울함, 슬픔, 무기력과 같은 부정적 감정이 나타납니다. 이때는 몸과 마음이 충분히 쉴 수 있도록 긴장을 풀고 배려해야 합니다. 몸 전체를 최대한 이완시키고 일단 멈추어서 호흡에 집중합니다. 몸과 마음의 감각, 느낌, 생각을 있는 그대로 알아차리고 바라보며 흘려 보냅니다. 아무 일도 하지 않고 가만히 쉬는 것에도 호흡명상과 알아차림의 기술이 필요합니다. 시선을 바깥에서 안쪽으로 돌리기 위한 간단한 연습법을 소개합니다.

■ 호흡으로 돌아가기

- 숨을 들이쉬고 내쉬면서 '긴 숨'을 알아차립니다.
- 숨을 들이쉬고 내쉬면서 '짧은 숨'을 알아차립니다.
- 들이쉬고 내쉬는 호흡의 전체 여정을 가만히 따라갑니다.
- 호흡과 함께 몸과 마음 전체의 반응을 알아차립니다.

☞ 호흡에 집중하는 동안 부드럽고 미소 띤 표정을 유지합니다.

☞ 숨을 길거나 짧게 일부러 조정하지 않고 자연스런 호흡을 따라갑니다.

■ **대상에서 벗어나기**

어떤 외적外的 대상 때문에 불편한 기억이나 감정이 일어나면 다음과 같이 마음속으로 따라해 보세요.

> '지금 내 마음이 바깥을 떠돌고 있구나!'
> '지금 내 몸속에서 편도체가 활성화되고 있구나!'

☞ 양쪽 눈 가운데의 뒤쪽 부분전전두엽 있는 곳에 주의를 집중하며마치 돋보기로 햇빛을 모으듯이 거기에 머물러 있습니다.

☞ 몸과 마음에서 무슨 일이 일어나는지를 가만히 관찰하며 흘려보냅니다.

흔들리지 않는 평화

제2 인생은 돈, 명예, 지위와 같은 외적 조건들의 침체로부터 시작됩니다. '내면의 힘'은 이러한 전반적 침체 앞에서도 균형을 유지할 수 있도록 자신을 지켜 줍니다. 우리는 삶을 원하는 방향으로만 변함없이 고정시킬 수 없으며 "모든 것은 변한다."라는 진리를 진정으로 받아들여야 합니다. '내면의 힘'이 강하면 강할수록 삶의 어떠한 변화도 있는 그대로 포용할 수 있게 됩니다. 21세기 영적교사로 추앙받는 에크하르트 톨레Eckhart Tolle는 '내면의 힘'에 대하여 다음과 같이 말했습니다.

아무리 물질적으로 풍족하다 해도 존재의 기쁨과 흔들리지 않는 평화라는 참된 재산을 발견하지 못했다면 그는 거지이다. 우리는 세상이 제공하는 그 무엇에도 비길 수 없는 보물 상자를 우리의 내면에 갖고 있다. 마음을 자신과 동일시하지 마라. 그칠 줄 모르는 생각의 행렬이 소음이 되어 내면의 고요한 세계를 발견하지 못하도록 가로막고 있다. 우리 자신의 진정한 본질은 내면의 고요한 세계와 일치한다.

여기서 "존재의 기쁨"이란 '지금 여기'에 집중할 때 느낄 수 있는 '진정한 있음'의 기쁨을 말합니다. "흔들리지 않는 평화"란 '진정한 있음'의 상태에서 우러나오는 평상심平常心을 말합니다. '내면의 힘'은 이론적 지식만으로 기를 수 있는 능력이 아닙니다. 그것은 '지금 여기'에 온전히 머무를 수 있는 자기체험을 필요로 합니다. 이 체험의 가장 중요한 요소는 '알아차림'을 일상의 생활습관으로 익히는 데 있습니다.

■ 탈脫 동일시

이것은 일시적 현상을 자신과 동일시하지 않기 위한 간단한 방법입니다. 온갖 종류의 느낌, 생각, 기억, 상상, 해석, 추측들은 일시적 현상일 뿐입니다. 이러한 일시적 현상을 통칭하여 '마음'이라고 부릅니다. 마음으로 불리는 일시적 현상은 실체가 아니며 인연 따라 만들어지고 변하다가 안개처럼 사라지는 것입니다. 호흡에 집중하면서 '지금 여기'에서 일어나는 현상을 알아차리며 그것들이 변하고 사라지는 全 과정을 가만히 지켜보세요. 이것이 잘 되지 않고 자꾸만 어떤 현상에 사로잡힌다면 다음과 같이 마음속으로 따라해 보세요.

> 느낌과 생각은 내가 아니다. 느낌과 생각은 내가 아니다.
> 느낌과 생각은 습관이고 현상이다. 느낌과 생각은 습관이고 현상이다.
> 느낌과 생각은 조건 따라 생기고 사라진다.
> 느낌과 생각은 조건 따라 생기고 사라진다.

■ N 번째 화살

저자의 연구에 의하면 평생직장에서 물러난 후 제2 인생을 출발하는 남성들은 분노, 불안, 동요, 질투, 후회, 무기력, 나태 등의 부정적 감정들을 공통으로 경험했습니다. 대표 감정은 '분노'로서 그 대상은 자신, 사회, 전직 직장, 지인 등으로 다양하게 나타났습니다.

분노의 부정적 감정은 지속적으로 확대·재생산 되었습니다. 부정적 감정은 몸 건강에도 결정적 악영향을 미칩니다. 이제 겨우 환갑을 전후한 나이에 잘못되는 사례를 종종 볼 수 있습니다. 엊그제까지 멀쩡하던 사람에게서 나쁜 소식이 들려와도 '나는 괜찮겠지' 하면서 무덤덤하기 일쑤입니다. 나에게도 운명의 손길이 뻗쳐올 수 있다는 사실을 더욱 현실감 있게 받아들일 때가 되었습니다.

부정적 감정을 다스리려면 'N 번째 화살'을 잘 관리해야 합니다. 운전 중에 어떤 자동차가 갑자기 끼어들었다면 그에 대한 자동반응으로 불쾌한 느낌이 확 올라옵니다. 이것을 첫 번째 화살이라고 하며, 이는 누구나 다 맞을 수 있습니다. 그런데 첫 번째 화살을 맞고 나면 그에 대한 반응으로 혐오감→분노→행동의 욕구가 일어날 수 있습니다. 이러한 후속적 감정은 반응계통의 물든 마음이 일으키는 두 번째, 세 번째, N 번째의 화살입니다.

첫 번째 화살은 내 마음이 그것에 계속 머물러 있지만 않으면 잠깐의 영향을 미친 다음에 사라집니다. 그러나 두 번째 이후의 화살은 내가 나를 향해 쏜 화살과 같습니다. 따라서 내가 나에게 화살을 쏘지 않으려면 멈추어 깨어 있으면서 있는 그대로를 바라볼 수 있어야 합니다. 즉, '깨어있는 알아차림'이 필요한 것입니다. 1차 화살을 맞고 나서 부정적 감정이 꿈틀거리기 시작하면 일단 호흡으로 돌아가 들숨과 날숨을 거머쥐고 집중하세요. 그 다음에 마음속으로 '일단 멈춤'의 단추를 누르면서 다독여 보세요.

> '화살이다. 멈춰! 일단 멈춰! 지금 여기서 멈춰!'
> '화살이다. 멈춰! 일단 멈춰! 지금 여기서 멈춰!'
> 감정에 이름(예: 불쾌함, 분노 등)을 붙이고 사라질 때까지 가만히 바라봅니다.

시험 볼 때 좋은 컨디션을 유지하는 비밀

- 시험 시작 20분 전에 책을 무조건 덮고 자리에 조용히 앉습니다.
- 척추와 어깨를 바르게 펴고 몸 전체를 최대한 편안히 이완합니다.
- 부드러운 얼굴로 눈을 감고 완전히 쉬면서 모든 생각을 내려놓습니다.
- 호흡에 집중하면서 들숨날숨의 전체 여정을 따라갑니다.
- 고요한 마음에서 솟아나는 '내면의 에너지'를 알아차립니다.

박차고 떠날 준비가 되어 있는 사람만이
굳어지는 습관에서 벗어날 수 있다.
심장이여! 힘차게 이별을 고하고 새롭게 태어나라!
– 헤르만 헤세

Chapter V

'새로운 시작'으로 전환

[Briefing]

제5장은 '결론의 단계'로서 마음수행의 방법을 종합적으로 제시하고, 제2 인생에서의 새로운 역할 찾기에 대하여도 이야기합니다.

100세 시대의 제2 인생! 무엇을 하며 살아낼 것인가? 그 첫걸음은 마음부터 리셋하는 일입니다. 고요한 마음을 바탕으로 정진할 때 비로소 삶을 제대로 바라보며 새로운 에너지를 얻을 수 있습니다. 그 다음은 내가 진정으로 원하는 '관심분야'를 원점에서 재발견하는 것입니다. 이 두 가지가 준비되었다면 비로소 새로운 삶으로 두려움 없이 흔들림 없이, 서두름 없이 멈춤 없이 당당히 나아갈 수 있게 됩니다.

제5장의 목적은

첫째. 마음수행의 실천방법에 대한 종합적 결론을 제시하기 위한 것입니다.

둘째. 제2 인생의 '관심분야^{새로운 일과 역할}'를 원점에서 재발견하고 새로운 삶으로 나아가는 방법을 소개하기 위한 것입니다.

중간지대
황무지 체험

'전환'의 과정

　월리엄 브리지스_{William Bridges}는 '전환 이론'의 전문가입니다. 그는 월스트리트저널에 의하여 미국에서 가장 영향력 있는 컨설턴트 10인의 한 사람으로 선정되었으며, 하버드대학교 등에서 강의했습니다. 저자는 제2 인생을 시작하면서 그의 이론에 대하여 체험적으로 공감했습니다. 따라서 그가 설명하는 삶의 '전환'에 대하여 우선 간략히 소개하고 싶습니다.

■ '전환'의 정의

　"무엇인가를 놓아버리고 다시 잡게 되는 그 과정에, 이전의 방식도 그리고 새로운 방식도 통하지 않는 중간지대가 있다. 이전 것의 종결, 중간지대, 새로운 시작, 이 세 가지의 과정을 '전환'이라고 한다. 변화를 수용한다는 것은 이 세 가지의 과정을 통과한다는 것이다. 우리는 전환의 세 과정 중에서 하나 또는 두 개 이상에 저항하게 된다. 오래된 것을 놓아버리는 것에 대해서 저항할 수도 있고, 중간지대에 머물며 지속적인 갈등을 겪을 수도 있다. 그리고 새롭게 시작하면서 일어나는 위험성의 불안 정서에 대해서 저항할 수도 있다."

■ '전환'의 방법

"삶은 물고기 꼬리처럼 굽이치며 구불구불한 길을 지나가게 된다. 만약 당신이 진실하게 살아가기를 원한다면 스스로 전환의 방법을 택할 수 있어야 한다. 삶이 당신에게 마침의 시간을 선물할 때 놓아버리는 것, 자신이 중간지대에 있다는 것을 알았을 때 자신을 버리는 것, 그 순간이 왔을 때 새로운 시작을 만들 기회를 잡는 것 등이 전환의 방법이다."

■ '중간지대'의 의미

"우리는 전환의 과정에서 새로운 것과 오래된 것의 중간지대에 놓이게 된다. 이 혼란스런 상태는 우리의 삶이 산산조각 나거나 가망이 없다고 느껴지는 순간이다. 오래된 존재 방식에서 나오는 신호들과 아직도 명확하게 다가오지 않는 존재 방식에서 나오는 신호들이 서로 뒤섞여서 다가오고, 믿을 만한 것은 아무것도 없다고 생각하게 된다. 모든 것이 대혼란의 상태이다. 하지만 바로 그런 이유로 해서 무엇이든지 할 수 있다고 느껴지는 때이기도 하다. 그러므로 중간지대에 머무는 시간은 아주 창조적이라고 볼 수 있다. 새로운 질서에 생명을 불어넣는 시작이 혼란스런 중간지대에서 나타나게 된다."

끝을 맺는 것은 시작하는 것과 같다. 끝나는 곳에서 우리는 시작한다.

— T.S. 엘리엇

'중간지대'의 3단계

저자의 제2 인생 전환 과정을 간략히 소개합니다. 퇴직은 '제1 인생의 끝을 맺는 것', 즉 '종결'을 뜻합니다. 제2 인생의 출발은 종결 후 중간지대를 거쳐 새롭게 '시작하는 것'을 뜻합니다. 중간지대의 황무지를 흔들림없이 헤쳐 나가는 일은 결코 쉽지 않았습니다. 지나간 삶을 깨끗이 놓아 버리는 것도 쉽지 않았고, 새로운 삶을 맞이하는 것도 쉽지 않았습니다. 불확실하고 짓눌린 상태에서 오래된 정체성의 해체 등 다양한 고통을 체험했습니다.

그러나 이 중간지대는 '내면의 힘'을 기를 수 있는 소중한 과정이었습니다. 혼란스런 중간지대를 거치고 나면 새로운 삶으로 나아갈 수 있게 됩니다. 중간지대의 끝자락에서 '내면의 힘'이라는 새로운 원천에너지를 기를 수 있었습니다. 따라서 중간지대의 혼돈을 빨리 벗어나려고 하지 말고 오히려 깊이 탐험할 필요성도 있습니다. 윌리엄 브리지스도 "종결과 시작 사이의 중간을 가능한 오래 지속하라."라고 권유한 바 있습니다. 저자는 이 중간지대에서 약 3년 이상을 견디고 기다린 이후에야 비로소 '새로운 시작'의 단계로 전환할 수 있었습니다.

저자가 체험한 '중간지대'는 세 개의 단계로 나눌 수 있습니다. 첫째는 총체적 변화 및 위기를 맞이하는 과정으로서 관련내용은 제1장에서 다루었습니다. 둘째는 저항과 혼란의 부정적 감정을 체험하는 과정으로서 관련내용은 제2장에서 다루었습니다. 셋째는 '내면의 힘'을 기르는 과정으로서 관련내용은 제3장과 제4장에서 다루었습니다. 이 세 개의 단계를 거친 후에 '새로운 시작'으로의 전환을 체험할 수 있었습니다. '새로운 시작'에 대하여는 제5장에서 결론적으로 다루었습니다.

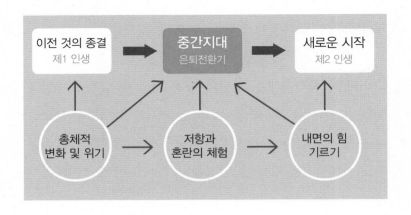

02

'새로운 나'로의 전환

제2 인생 '삶의 지표'

삶은 우리에게 '성공'이라는 미명 아래 무리한 요구들을 수없이 들이댑니다. 우리는 '성공해야 행복한 것'이라는 믿음으로 그런 요구들을 충족시키기 위해 쉼 없이 달려왔습니다. 벌써 인생의 절반 이상이 지났습니다. 이제 오후 인생의 출발선에 서서 묻습니다. '나는 지금 행복한가?', '나는 앞으로 과연 행복할까?' 제2 인생은 행복과 성공에 대한 패러다임부터 바꿔야 합니다. "성공을 위한 가장 큰 경쟁력은 행복이다."라는 말이 있습니다. 제2 인생에서는 "성공해야 행복한 것이 아니라, 행복해야 성공한 것"입니다. 행복은 마음에 달려 있습니다.

따라서 제2 인생은 마음을 리셋 하는 일부터 해야 합니다. '내면의 힘'은 제2 인생에서 가장 확실한 원천에너지가 될 것입니다. 마음은 몸 건강을 위해서도 중요합니다. 알렉산더 테크닉으로 유명한 리처드 브레넌Richard Brennan은 "몸과 마음의 감정은 본질적으로 하나다. 각자 개별적으로 영향을 주고 있다고 생각하겠지만, 이들은 서로 다르게 보일 뿐 모두 같은 본질의 것들로 이루어져 있다. 몸에 어떤 변화를 주면 생각과 느낌도 변화한다. 반대의 경우도 마찬가지다."라고 말했습니다. 현대의학에서도 몸과 마음의 상호작용을 기반으로 하는 '정신신체의학'이 전인적 치료수단으로서의 입지를 점점 강화해 나가고 있다고 합니다.

화엄경의 핵심어인 일체유심조一切唯心造는 "모든 것은 마음이 만들어 낸다."라는 뜻입니다. 성경 구약의 잠언에는 "모든 지킬 만한 것 중에 더욱 네 마음을 지켜라. 생명의 근원이 이에서 남이니라."라는 말도 있습니다. 우리는 종교의 가르침 등을 통하여 마음의 중요성에 관한 이야기를 수도 없이 들었습니다. 그럼에도 불구하고 실제로는 '마음'에 관하여 놀랄 정도로 무관심하고 무지하며 투자도 하지 않고 있습니다.

100세 시대의 제2 인생! 과연 어떤 방식으로 살아야 할까요? 자신에게 알맞는 '삶의 지표'를 분명히 설정해 보세요. 아울러 이를 뒷받침하기 위한 구체적 실천계획을 정하고 일상생활에서 매일매일 꾸준히 지켜 보세요. '지표'의 사전적 의미는 "어떤 행위에 대한 방향, 목적, 기준"을 뜻합니다. 따라서 '삶의 지표'란 내가 제2 인생을 어떤 자세로 살아갈 것인가에 대한 큰 틀에서의 방향이자 기준입니다. 또한, 이것은 삶의 방식에 대한 스스로의 약속입니다. 내가 어디서 무엇을 하든 '삶의 지표'를 중심에 놓고 항상 새기면 삶의 균형이 확실히 잡히게 됩니다. 매사에 불안감과 조바심도 줄어듭니다. 부정적 감정으로 흔들릴 때도 적정선을 과도하게 벗어나지 않으며 중심으로 되돌아오는 회복 탄력성도 높아집니다.

저자의 '삶의 지표'는 「만족할 줄 알며 고요함에 머무는 삶」으로 정했습니다. 이를 뒷받침하는 하위지표는 '지금 여기에 충만한 삶', '변화를 수용하는 삶', '알아차림으로써 깨어있는 삶'으로 세분했습니다. 이를 표로 정리하면 다음과 같습니다. ☞ 지표별 세부내용은 제3장 참고

만족할 줄 알며 고요함에 머무는 삶		
만족한 마음		고요한 마음
'지금 여기'에 충만한 삶	'변화'를 수용하는 삶	'알아차림'으로 깨어있는 삶

하버드대학교 심리학자인 숀 어쿼Shawn Achor는 "세상은 그저 세상일 뿐이고, 그 세상을 재단하는 것은 우리의 눈에 씌워져 있는 렌즈이다. 그 렌즈가 왜곡되면 세상도 왜곡되어 보이고 렌즈를 바꿔 끼우면 세상도 좋고 아름답게 보인다. 우리의 현실을 만들어 내는 것은 우리가 세상을 바라보는 렌즈이다. 그 렌즈를 바꿀 수 있다면 행복도 현실도 바꿀 수 있다."라고 말했습니다.

오후의 인생에서는 오전과 다른 렌즈를 끼고 세상을 바라보아야 합니다. 저자는 오전의 인생에서 돈, 명예, 지위라는 이름의 성공 렌즈를 통하여 세상을 바라보았습니다. 오후의 인생에서는 행복렌즈로 바꿔 끼우고 세상을 바라볼 것입니다. 위에서 보여 드린 '삶의 지표'는 저자가 오후 인생에서 사용하게 될 새로운 렌즈입니다. 여러분들은 어떠한 렌즈를 끼고서 제2 인생을 바라볼 계획입니까?

마음근육운동

나이 들수록 근육운동이 중요해집니다. 「생로병사의 비밀」에서 '중년남자 바뀌어야 산다. 중년여성 내 몸을 돌아보라.'라는 제목으로 근육운동에 대해 다룬 적이 있습니다. 저자도 그 프로그램을 시청한 후로 근육운동을 꾸준히 하고 있습니다. 한가한 시간대에 지하철을 기다리면서도 나무의자를 이용하여 삼두박근을 강화하는 푸시업을 합니다. 계단을 오르내리기도 하며 덤벨도 하고 공원에서 벤치프레스누운 자세의 역기 운동도 합니다.

대다수의 중년기 사람들은 저자처럼 몸 근육운동을 열심히 합니다. 그런데 마음근육운동에 대해서는 관심조차 없습니다. 마음근육운동이란 제2 인생의 원천에너지인 '내면의 힘'을 기르기 위한 생활 속 수행을 말합니다. 내면에 대한 통찰력을 기르고 이를 인지적·체험적 방법으로 단련시키는 것입니다. 지혜롭지 못하고 날뛰는 마음은 제2 인생을 불행과 실패의 수렁으로 빠뜨립니다. 따라서 몸 근육운동 못지않게 마음근육운동도 정말로 중요합니다.

몸 근육을 만들기 위해서는 푸시업이나 벤치프레스 같은 운동을 꾸준히 해야 합니다. 마찬가지로 마음근육을 위해서도 생활 속의 꾸준한 실천이 필요합니다. 마음근육운동은 지혜에 대한 통찰력을 기르는 동시에 몸에 밴 오래된 습관에너지를 바꾸는 것입니다. 따라서 몸 근육운동보다 더 낯설고 어려울 수도 있습니다. 몸 근육운동을 제대로 하려면 그 원리와 방법을 배워야 합니다. 그렇지 않으면 근육이 늘기는커녕 오히려 빠질 수도 있습니다. 마음근육운동도 마찬가지입니다. 마음근육운동을 위해서도 올바른 앎과 이를 바탕으로 한 꾸준한 실천 수행이 필요합니다.

나를 가장 잘 아는 사람은 '나'입니다. 따라서 나의 변화와 치유를 위한 최고의 의사도 '나' 자신입니다. 저자는 스스로의 마음건강을 지키기 위한 처방전_{마음근육운동 계획서}을 갖고 있습니다. 여러분들은 자신의 마음건강을 위하여 어떤 처방전을 마련하고 있나요? 저자는 다음과 같은 처방전에 따라서 마음근육운동을 매일 꾸준히 실천하고 있습니다.

마음근육운동 계획서			
삶의 지표		만족할 줄 알며 고요함에 머무는 삶	
		아홉 가지 체험	수행 과제
만족한 마음	'지금 여기'에 충만한 삶	범사凡事에 감사하기	①감사의 체험매일 *빨래, 설거지, 청소, 자동차
		습관과 눈빛 바꾸기	②습관에너지매일 *물건의 사용, 자세와 대화 ③보석 같은 일상수시 *눈빛 바꾸기, 행복 찾기
		'지금 여기'에 있기	④'지금 여기' 연습수시 *새겨넣기, 마음의 좌표, 물아일체 놀이
	'변화'를 수용 하는 삶	명상으로 열고 닫기	⑤아침을 여는 '3분 명상'매일 ⑥저녁을 닫는 '3분 명상'매일
		자애慈愛 개발하기	⑦전화와 만남의 자애수시 ⑧연민과 용서의 자애수시
		고정관념 내려놓기	⑨고귀한 침묵수시 ⑩진지한 경청수시
고요한 마음	'알아차림'으로 깨어있는 삶	내면 청소하기	⑪몸속 쓰레기매일 *미사리 명상 ⑫마음속 쓰레기수시
		자신과 우정 쌓기	⑬친절한 Body Scan수시
		내면 바라보기	⑭내면과의 만남매일 *호흡으로 돌아가기 *대상에서 벗어나기 ⑮흔들리지 않는 평화수시 *탈동일시 * N번째 화살

03

'원하는 삶'의 재발견

　지금까지는 제2 인생의 원천에너지인 '내면의 힘'을 기르는 방법에 대하여 이야기했습니다. 이제부터는 '제2 인생에서 무슨 일을 하며 살아갈 것인가?'에 대하여 이야기하겠습니다. 내가 진정으로 원하는 '새로운 역할'을 찾는 것은 현실적으로 중요한 일입니다. '새로운 역할'을 재설정하지 못한다면, 그 삶은 역할 부재에 따르는 무의미감 내지 공허감으로 갈등하고 괴로울 수밖에 없을 것입니다.

　우리가 낡은 집을 허물고 새로 지으려면 각종 조건들을 합리적으로 반영한 설계도부터 만들어야 합니다. 마찬가지로 제2 인생을 위해서도 변화된 삶의 조건들에 적합한 설계도가 필요합니다. 건축에서 '계획설계'란 새로 지을 건축물의 개념, 크기, 구조와 같은 기본방향을 정하는 최초 단계의 그림을 말합니다. 저자의 제2 인생 계획설계의 과정과 세부내용을 사례로써 소개합니다.

제2 인생 '계획설계'

'100세 시대 제2 인생! 나는 과연 무엇을 하면서 살 것인가?' 이 어려운 문제에 대하여 저자에게 실질적 도움을 준 사람은 문화심리학자 김정운 교수입니다. 저자가 그를 직접 만난 것은 아닙니다. TV 신년기획 프로그램 KBS2 특별강연, 100세 시대의 멋진 삶, 2015.1.3과 책에디톨로지을 통해서 만났습니다. 그의 메시지는 '100세 시대를 어떻게 준비하며 살 것인가?'에 대한 것이었습니다. 저자는 그를 통하여 제2 인생의 새로운 역할에 대한 아이디어를 얻었으며 자신감과 희망을 갖게 되었습니다.

그의 메시지를 간략히 소개합니다. 첫 번째는 "재미와 의미가 만나는 지점에서 오늘을 살라."라는 것입니다. "재미와 의미가 만나는 지점"이란 '관심분야'를 말하는 것입니다. "오늘을 살라."라는 것은 과거와 관련된 부질없는 생각으로 오락가락 하지 말고 새로운 '관심분야'에 집중하라는 뜻입니다. 많은 사람들은 자신이 '무엇을 제일 잘할 수 있는지', '무슨 일을 진정으로 하고 싶은지'에 대하여 잘 모르고 있습니다. 한마디로 말해서 자신의 '관심분야'에 대하여 진지하게 생각해 본 적이 없다는 이야기입니다.

'관심분야'가 무엇인지에 대하여 물어보면 "잘 모르겠다."라고 대답하는 사람들이 예상외로 많습니다. 그들은 생계 차원에서 해왔던 익숙한 일에 좋든 싫든 매달려 살아가고 있을 뿐입니다. 그 익숙한 일의 범주를 벗어나 새로운 역할을 탐색하는 것 자체에 대해서도 두려움이 있습니다. 따라서 그 익숙한 일의 주변에 계속 머물러 있으려는 '자동적 사고'를 갖고 있습니다. 사실상 자신의 '관심분야'에 대하여 진지하게 고민해 본 적이 없는 것입니다. 설령 '관심분야'가 있더라도, 그것을 용기있게 꺼내 놓고 추진할 엄두를 내지 못하고 있습니다.

자동적 사고의 틀을 벗어나 열린 마음으로 보면 누구든지 '관심분야'를 재발견할 수 있습니다. 관심분야가 없거나 잘 모르겠다고 답하는 사람도 있지만 실제로 그런 것은 아닙니다. 관심분야를 숨기거나 억누르는 경우가 대부분입니다. 관심분야를 말하면 남들이 비웃을 것 같아서, 가족들이 반대할 것 같아서, 또는 실행할 자신이 없어서, 입 밖으로 꺼내지도 못하는 것입니다. 그러니까 차라리 "잘 모르겠다."라고 회피하거나 무시하는 것입니다.

자신이 가장 잘할 수 있고 정말로 원하는 일들을 용기 있게 적어 보세요. 그리고 분석을 통해서 그 범위를 점점 좁혀 보세요. 우리가 직장생활을 할 때는 작은 일 하나도 세부계획서를 만들고 철저한 검토를 하지 않았나요? 그런 방식으로 자신의 삶에 대한 계획설계도를 그려 보세요. 윗사람에게 올릴 보고서를 만든다는 생각으로 정성을 다해 보세요. 앞으로 약 30년 이상을 살아내야 할 제2 인생에 대하여 분석을 생략한다는 것은 참으로 놀랍고도 비상식적인 자세라고 생각되지 않나요?

선입견, 직관, 타성에 의존하여 즉흥적, 습관적으로 판단하지 마세요. 일반적으로 잘 알려진 분석기법을 활용하여 원점에서부터 다시 접근해 보세요. 저자는 직장생활을 하는 동안에 경험이 많았던 SWOT^{양식 첨부}을 통하여 '관심분야'를 분석했습니다. 각자에게 익숙하고 편리한 방법으로 시도해 보세요. 최근에 『인생 르네상스 행복한 100세^{저자 김현곤}』라는 책이 출간되었습니다. 이 책에는 자신과 천직의 재발견을 위한 다양한 기법들이 소개되어 있습니다. 참고로 이 책에서 소개한 방법을 요약하면 다음과 같습니다.

자기를 재발견할 수 있는 세 가지 방법^{①강점 기반, ②평가 기반, ③탐험 기반}이 있습니다. ①은 자신의 '강점'과 '하고 싶은 일'을 중심으로 자기를 재발견하는 것입니다. ②는 객관적 측정^{MBTI 등 적성검사}이나 평가에 의하여 자기를 재발견하는 것입니다. ③은 독서, 여행, 명상 등을 통해 그동안 드러나지 않았던 자기를 재발견하는 것입니다. 저자는 제2 인생을 시작하면서 ③의 방법을 통하여 자신을 재발견할 수 있었습니다.

천직_{관심분야}을 재발견할 수 있는 네 가지 방법①투입-프로세스-산출 모델, ②아리스토텔레스 모델, ③자기&세상 분석 모델, ④자기발견-천직발견 모델이 있습니다. ①은 가장 원하는 일에서 천직을 재발견하는 것입니다. ②는 재능과 수요가 만나는 지점에서 천직을 재발견하는 것입니다. ③은 자기분석과 세상 분석이 만나는 지점에서 천직을 재발견하는 것입니다. ④는 자기를 재발견하는 세 가지 방법을 기초로 천직을 재발견하는 것입니다. 저자는 제2 인생을 시작하면서 ①과 ④의 방법을 통하여 천직_{작가이자 강연가}을 재발견할 수 있었습니다.

김정운 교수의 두 번째 메시지는 "관심분야에 대한 풍부한 데이터베이스를 구축하라."라는 것입니다. 그는 "하늘 아래 완전히 새로운 이론은 없으며 다 인용이고 편집이고 활용이다."라고 강조했습니다. 그의 걸림 없는 자신감과 솔직함이 저자에게는 정말로 큰 용기와 자신감을 심어 주었습니다.

미래학자 최윤식 교수도 저자의 제2 인생 계획설계에 도움을 준 멘토 중의 한 사람입니다. 그는 『2030 대담한 미래』라는 책과 세미나_{저자는 최윤식 교수의 세미나에 참석했음}를 통하여 다음과 같이 말했습니다.

은퇴 후 50년을 위해서는 인생의 목적과 기대를 포함한 모든 패턴에 대하여 전혀 새로운 접근이 필요하다. 은퇴가 두려운 것은 기존의 것을 포기하지 못하기 때문이고 용기가 없기 때문이며 의사결정을 못하기 때문이다. 기회는 사라지고 줄어드는 것이 아니라 이동하고 늘어나는 것이다. 칸막이가 쳐진 경주마처럼 세상을 바라보기 때문에 기회는 사라지는 것으로 인식할 뿐이다

향후 20년, 후기 정보화 사회에서는 숙련된 지식근로자만 살아남는다. 자기가 가장 자신 있는 분야의 지식을 장인 수준의 지식으로 향상시키는 사람만이 생존을 보장받을 수 있다. '숙련된 지식'을 얻는 데 필요한 것은 천재적 재능이 아니다. 1만 시간을 포기하지 않고 할 수 있는 배짱과 용기, 그리고 끈기만 있으면 된다. 빚을 내서라도 자신의 지식과 지혜를 늘리는 데 과감하게 투자해야 한다. 지속적인 부를 만들어 낼 수 있는 에너지가 되는 지식과 지혜를 기르는데 공격적으로 투자해야 한다.

그의 첫 번째 메시지는 평생학습을 통하여 숙련된 지식근로자로서의 제2 인생을 살라는 것입니다. "과거에는 은퇴 후 약 20년 정도를 퇴역으로 살다가 사라지는 단순형 삶을 살았지만, 100세 시대인 지금부터는 순환형 인생주기Life Cycle를 만들어야 한다."라는 것입니다. 이를 위해서는 "가장 잘할 수 있는 일, 가장 하고 싶은 일을 찾아서 1만 시간 이상 끈기있고 용기있게 그것을 준비할 수 있어야 한다."라는 것입니다.

그의 두 번째 메시지는 "통찰력, 전략적 대안, 행동하는 용기를 갖고 현역에서 일하는 자세를 갖추어야 한다."라는 것입니다. "현

256

역에서 일하는 자세를 갖추어야 한다."라는 의미는 제2 인생을 어정쩡한 반퇴의 모습으로 때울 생각을 하지 말라는 것입니다. 다시 말해서 처음부터 새로 시작한다는 각오로 진정한 의미에서의 제2 인생을 계획설계하라는 것입니다. 많은 사람들은 제2 인생을 반퇴 형식으로 마무리할 생각을 합니다. 그런 식으로 생각하면 결국 무직과 비정규직 사이를 임시방편으로 오락가락하게 될 것입니다. 저자는 이런 식의 삶을 제2 인생이 아닌 제1.1 인생_{저자가 만든 용어, 직장생활의 10% 정도(약 3~4년)를 연장하여 사회활동을 하고 은퇴하는 삶}이라고 부릅니다.

철학자 김형석 교수_{1920년생}는 거의 100세가 다 된 연세에도 활발하게 집필 및 강연 활동을 펼치고 있습니다. 그는 후배들이 50대 이후의 삶을 어떻게 계획설계해야 하는지에 대한 지혜를 들려주고 싶어서 『백년을 살아보니』라는 책을 냈다고 합니다. 그는 이 책을 통하여 제2 인생에 대한 행복과 성공의 비밀을 들려주었습니다.

그는 제2 인생의 의미와 각오에 대하여 "50부터 80까지는 단절되지 않는 하나의 시기이다. 그렇기 때문에 50에는 80이 됐을 때, 적어도 이러한 삶의 조각품을 완성해야 한다는 준비와 계획과 신념과 꾸준한 용기를 갖고 제2의 마라톤을 달리는 각오로 재출발해야 한다."라고 말했습니다. 이것은 위에서 소개한 김정운 교수와 최윤식 교수의 제2 인생에 관한 메시지와도 비슷한 맥락이라고 생각합니다.

그는 "잘 늙는다는 것은 내가 푸대접을 받아도 상대방을 대접하는 인격과 교양을 지니는 것이다. 경제적으로는 중산층에 머물면서 정신적으로 상위층에 속하는 사람이 행복하다."라고 말했습니다. 이것은 마음수행의 필요성을 강조한 것입니다. 일과 건강에 대하여는 "행복하게 일할 수 있고 다른 사람들에게 도움이 될 때까지 사는 것이 최상의 인생이다. 일을 사랑하고 열심히 일하는 동안에는 누구에게나 어떤 인간적 에너지 같은 것이 작용하며 그것이 건강을 돕는다."라고 말했습니다.

제2 인생에서 새로운 '사회적 역할'을 어떻게 설정할 것인가? 멘토들의 메시지들을 깊이 있게 사유해 보면 뚜렷한 공통점을 발견할 수 있습니다. 저자는 그들의 지혜 속에 반짝이는 분명한 답이 숨겨져 있음을 체험적으로 알게 되었습니다. 우리는 자녀들에게 체험을 바탕으로 한 삶의 교훈을 이야기합니다. 그러나 그들은 그 이야기를 제대로 귀담아 듣지 않습니다. 그런 자녀들을 대하고 있으면 정말로 한방 때려 주고 싶을 정도로 답답한 생각이 듭니다. 그럴 때마다 우리는 이렇게 말하곤 합니다. '너희들이 언젠가 때가 되면 내 말을 이해하고 후회할 날이 있을 거다!' 그들은 나중에 실제로 후회합니다. 그들은 아직 '떫은 풋과일'입니다. 우리들은 환갑을 전후한 나이에 들어서서 어느 정도 인생을 안다고 말합니다. 그러나 제2 인생의 관점에서 보면, 우리들도 아직 '떫은 풋과일'이기는 마찬가지입니다.

SWOT분석을 통한 관심분야 재발견			
강 점 Strength		**기회** Opportunities	
약 점 Weakness		**위 협** Threats	
관심분야 재발견			

Version 3.0의 삶

저자는 퇴직 후 제2 인생을 Version 3.0의 방식으로 살겠다고 굳게 결심했습니다. 'Version 3.0의 삶_{저자가 임의로 만든 용어}'이란 '세 개의 축'으로 정립하는 삶을 말합니다.

■ 정립鼎立하는 삶

정鼎은 '발이 세 개 달린 솥'을 뜻하는 한자입니다. 세 사람 또는 세 개의 세력鼎이 안정적으로 서는立 것이 '정립'입니다. 아래의 솥 모양처럼 세 개의 다리로 지탱하고 있으면 흔들림 없이 안정적으로 설 수 있다는 것을 뜻합니다.

'세 개의 축'이란 재미, 의미, 소득에 바탕을 둔 일을 말합니다. '재미'는 가장 잘할 수 있고 정말로 하고 싶은 일, '의미'는 목표와 가치관을 실현할 수 있는 일, '소득'은 돈을 벌 수 있는 일을 뜻합니다. 재미있고 의미 있는 일이라고 하더라도 돈벌이와 무관하다면 동력이 떨어집니다. 돈은 되지만 의미와 재미가 없는 일을 마지못해 하는 것이라면 행복할 수 없습니다.

재미와 의미가 있는 일을 꾸준히 하다 보면 돈도 따라오겠지만, 이 경우에도 수익 모델을 충분히 검토해 보는 것이 좋다고 생각합니다.

재미

의미

소득

　많은 퇴직자들에게 제2 인생 계획을 물었습니다. "여행도 좀 하고, 특별히 할 일 없으면 봉사활동이나 하지요."라고 말하는 사람들이 의외로 많았습니다. 좋은 생각이지만 말처럼 쉬운 일이 아닙니다. 종교단체를 위한 봉사활동은 쉬운 편입니다. 그러나 일반 사회봉사활동은 적절한 대상을 찾는 일조차 쉽지 않습니다. Version 3.0의 방식으로 제2 인생을 살아간다면 일 자체와 관련하여 의미 있는 봉사활동의 공간이 자연스럽게 열립니다.

■ '의미' 있는 삶

　'의미'에 대해 생각해 봅니다. 빅터 프랭클Viktor Frankl, 제2차 세계대전 때 아우슈비츠 수용소에 감금되었던 오스트리아 심리학자 겸 의사은 "현대는 삶의 명백한 무의미함에 대한 좌절감이 전 세계적으로 가장 긴급하고 총체적인 문제가 되었다."라고 진단했습니다. 그리고 이 현상을 일컬어 '실존적 공허The Existential Vacuum, 삶의 목적과 의미를 잃어버린 것라고 규정했습니다. 이에 대한 해결책으로 삶의 '의미'를 제시했습니다. 제2 인생기에 나타나는 '무의미감' 내지 '공허감'도 '실존적 공허'와 같은 것입니다. 30년 이상 남아있는 제2 인생을 의미없이 살아간다면 공허한 존재가 될 수 밖에 없습니다.

'의미 있는 삶'이란 무엇일까요? 지향하는 핵심가치와 목표가 뚜렷한 삶입니다. 이는 '어떻게 살까How to live'의 문제와 깊은 관련이 있습니다. 미래라는 시간을 전제하고 보면 현재는 무의미감, 공허감, 불만족에 쌓일 가능성이 높아집니다. 현재는 다람쥐 쳇바퀴 돌듯 지루하게 반복될 뿐이기 때문입니다. 미래는 현재의 지루한 반복이 쌓여서 만들어집니다. '어떻게 살까'의 문제는 결국 '무엇이 될까?'의 문제에 대한 시작점이자 귀결점입니다. 따라서 제2 인생을 위한 의미 있는 삶의 방식은 Version 3.0의 '관심분야'를 재발견하고, '지금 여기'에서 그것에 집중하는 것입니다.

서점에 가면 제2 인생을 주제로 한 책들이 많습니다. "다니는 직장에서 무조건 오래 버티며 살아남으라.", "옛 직장에서의 지위와 관계를 바탕으로 제2 인생을 탐색해라.", "과거는 잊고 용돈이라도 번다는 생각으로 일자리를 찾으라." 이런 식의 조언에 대하여 저자는 별로 공감하지 않습니다. 조급함을 내려놓고 몸과 마음을 리셋

하는 일이 먼저라고 조언하고 싶습니다. 100세 시대의 제2 인생! 행복과 성공의 비밀은 '내면의 힘'을 기르고, 그 다음에 '관심분야'를 원점에서 재발견하여 제2의 마라톤을 달리는 각오로 다시 시작하는 것입니다.

저자는 금융권에서 28년을 근무하고 50대 중반에 퇴직했습니다. 실업급여를 받는 동안에 구직활동을 했습니다. 법인을 대상으로 하는 고객유치 활동 등 몇 건의 재취업 제안이 들어왔습니다. 저자는 고객유치 활동에 대한 자신감도 없었고 재미와 의미도 없다고 판단하여 그 제안에 응하지 않았습니다. 저자가 전직에서 맺어진 개인적 친분관계 등을 이용하여 영업활동을 시작하더라도 그것이 얼마나 오랫동안 제대로 유지될 수 있었을까요?

저자는 제2 인생을 Version 1.1^{저자가 만든 용어}의 방식으로 계획하지 말 것을 제안합니다. Version 1.1의 방식이란 전직에서의 인맥관계 등에 기대어 퇴직 후에 약 10%의 기간^{약 3~4년 정도}을 연장하고 은퇴하는 것입니다. 그 후에는 "이제는 할 만큼 했으니까 여행도 좀 다니고 봉사라도 좀 해 보자."라는 식으로 생각하는 것입니다. 저자가 전직에서의 친분관계에 의지해서 원치 않는 일을 임시방편으로 시작했다면 이것도 Version 1.1에 해당될 것입니다.

기획재정부를 포함한 11개 정부부처와 경제 · 인문사회연구회가 주최한 '100세 시대 종합컨퍼런스'가 열렸습니다. 여기에서는 사회 전반의 제도와 시스템을 80세에서 100세로 전환하기 위한 국가정책 방향과 방안이 제시되었습니다. 100세 시대를 가정하면 환갑의 나이에도 기대여명이 40년이나 됩니다. 이를 감안하면 제1 인생에 기대어 몇 년 더 임시방편으로 연장하는 Version 1.1의 방식으로는 100세 시대의 삶을 의미 있게 감당해낼 수 없습니다.

"You only live once!" 미국 제44대 대통령 오바마가 연설에서 사용한 말입니다. 그 때문에 욜로YOLO라는 신조어도 유행합니다. "단 한 번뿐인 인생, 행복하게 살자."라는 뜻입니다. 제2 인생을 시작하는 5060들에게 제안하고 싶습니다. We only live half! 우리는 앞으로 '단 반 번뿐인 인생'을 사는 것입니다. 이제부터라도 '내가 정말로 원하는 삶'을 살아야만 행복할 수 있지 않을까요?

저자는 퇴직 준비로 공인중개사, 가맹거래사, 증권투자상담사 등의 자격증 여러 개를 퇴직 전에 미리 따 놓았습니다. 이런 일에 관심이 높았기 때문이 아닙니다. 오로지 퇴직 후의 생계를 위한 방편으로써 열심히 준비해 둔 것이었습니다. 그런데 막상 퇴직 이후에는 이 자격증들과 관련 있는 일들에 대하여 재미와 의미와 자신감을 찾지 못했습니다. Version 3.0의 관점에서 볼 때, 저자에게는 전혀 쓸모없는 자격증들이 되어 버린 것입니다.

퇴직 후에 고향으로 돌아가겠다는 계획도 있었지만 미련 없이 접었습니다. 저자의 고교 시절 꿈은 탈농脫農이었습니다. 그 당시에는 공부보다도 집안 농사일을 돕는 것이 더 시급했던 분위기였습니다. 그때부터 농사일이 싫어졌고 아직도 그런 부정적 감정이 무의식에 깊게 내재되어 있는 것 같았습니다. 이처럼 저자는 제2 인생을 위한 계획들이 막상 퇴직 이후에 100% 빗나가는 황당한 경험을 했습니다.

모든 계획이 물거품이 되고 새로운 역할을 찾지 못하고 있었습니다. 따라서 56세의 늦은 나이로 대학원에 다시 진학하여 자신을 재발견하기 위한 용기있는 탐험을 시작했습니다. '1만 시간의 법칙'을 믿으면서 졸업 이후인 지금까지도 열심히 공부하고 있습니다. 헤맴과 기다림의 고통스런 시간3년을 보낸 뒤에야 Version 3.0의 제2 인생 계획설계를 마련할 수 있었습니다. 이제는 '지금 여기'에서 '관심분야'에 집중하는 행복한 제2 인생을 살고 있습니다. '작가이자 강연가'로서의 가슴 뛰는 길 위에 서서 당당히 걸어가고 있습니다.

인생 최대의 성공과 더 없는 만족은 개인의 대표적 강점을 연마하고 활용하는 것에서 비롯된다. 행복한 삶이란 참된 행복과 큰 만족을 얻기 위해 날마다 자신의 대표적 강점을 활용하는 것이다.

— 마틴 셀리그먼

오래된 것과 익숙한 것에 계속 집착하지 말고 일상을 다른 방법으로 살아 볼 수 있는 기회에 감사하라. 그동안 익힌 생활양식과 가치를 버리고 새로운 도약과 성장을 경험하라.

- M. 스캇펙

■ 건강관리 방식

건강관리 방식에도 세 개의 Version이 있습니다. 누구든지 병에 걸리고 나면 식생활을 포함한 생활습관 전체를 확 바꿉니다. 이처럼 병에 걸린 후에 어쩔 수 없이 생활습관을 바꾸는 것이 Version 1.0의 건강관리입니다. 나이 들수록 비만, 고혈압, 당뇨 등과 관련된 질병에 걸리기 쉽습니다. 따라서 가족과 의사의 권유를 받고 자의 반 타의 반으로 생활습관을 바꾸는 경우도 많은데, 이것이 Version 2.0의 건강관리입니다. 몸에 좋다는 것들은 열심히 챙겨 먹으면서도 술, 담배, 운동 부족 등 오래된 습관들은 고집스럽게도 유지합니다. 결국, 심각한 경고를 받고 나서야 생활습관을 완전히 바꿉니다. 병에 걸리기 전에 지혜를 바탕으로 생활습관을 스스로 확 바꾸는 것이 Version 3.0의 건강관리입니다.

도량청정무하예 道場清淨無瑕穢

- 千手經 道場讚

위는 저자의 생활습관에 대한 좌우명입니다. "도량몸과 마음이 깨끗하고 맑아서 티끌이 없고 더럽지 않아야 원하는 일이 이루어지고 복을 받을 수 있다."라는 내용입니다. 오전 인생을 돌이켜 보면 몸과 마음에 대한 배려가 너무도 엉터리였습니다. 젊었을 때니까 어느 정도 이해할 수 있습니다. 그러나 제2 인생에서는 전혀 달라진 모습으로 살아가고 있습니다. 50년 넘도록 아무 생각없이 쌓아 온 몸과 마음속의 온갖 쓰레기들을 대청소하고 환골탈태하는 것으로부터 제2 인생을 시작했습니다.

저자는 제2 인생을 시작하면서 Version 3.0의 건강관리 방식으로 확실히 바꿨습니다. 생활습관도 대대적으로 바꿨습니다. 몸과 마음의 뚜렷한 변화를 체험함으로써 색다른 즐거움과 자신감을 느끼고 있습니다. 청정한 몸과 마음은 새로운 삶으로 나아가기 위한 필수 에너지원입니다. 몸과 마음에 대한 건강관리 방식을 Version 3.0으로 확실히 바꾸고 제2 인생을 출발해 보세요.

04

가슴 뛰는
길 위에서

세 갈래의 길

평생직장? 언젠가는 직장을 그만두어야 합니다. 선거가 끝나면 회사 정년이 1~2년 정도 연장될 것 같다고 좋아하는 지인이 있습니다. 아무리 정년이 늘어나도 퇴직 후 30년 이상의 기간이 남습니다. 이 기간에 과연 무슨 일을 하면서 살아갈 것인가? 이것은 현실적으로 중요한 문제입니다. 돈 버는 일을 크게 나누면 노동업, 매매서비스업, 정보업의 세 갈래 길이 있습니다.

노동업은 직장에 재취업해서 노동을 제공하고 대가로 급여를 받는 일입니다. 매매서비스업과 정보업은 창업을 통하여 물건^{서비스 포함}이나 정보를 제공하고 부가가치를 창출하는 일입니다. 재취업을 원한다면 노동업의 길을 선택하는 것입니다. 노동업의 길을 선택하지 않는다면 매매업이나 정보업의 길을 선택해야 하는 것입니다.

직장생활에 익숙한 사람이라면 세 개의 길 중에서 노동업이 가장 마음 편한 길이 될 수도 있습니다. 직장생활만 하다가 창업을 한다는 것은 부담스런 일입니다. 원하는 분야에 재취업해서 안정적으로 일할 수 있다면 노동업이 좋습니다. 그러나 특별한 기술이 없다면 마음에 드는 일자리에 재취업하기가 거의 불가능합니다. 운 좋게 일자리를 얻더라도 결국에는 무직과 비정규직 사이를 오락가락하다가 끝나고 말 것입니다. 따라서 제2 인생에서 노동업의 길을 걷는다는 것은 기대처럼 마음 편한 길이 아닐 수 있습니다.

퇴직 후 실업급여를 받는 동안에 재취업 노력을 해야 합니다. 저자도 이 기간에 재취업 노력을 했었지만 원하는 일자리를 찾지 못했습니다. '그래! 이번 기회에 창업해 보는 거야! 수십 년간 남의 밑에서만 일했으니까 남은 인생은 내 뜻대로 살아 보는 거야!' 이렇게 마음먹고 창업의 길을 결심했습니다. 50대 말에 회사라는 부자유스런 울타리에 다시 갇힌다는 것은 유쾌한 일이 아닙니다. "행복은 자유로부터 온다."라는 말도 있지 않습니까? 젊은 사람들 사이에 끼어서 늙은 경주마의 모습으로 힘겹게 내몰리는 모습도 상상해 보았습니다.

창업! 낯설지만 가슴 뛰는 일입니다. "인생은 짧다."라고 하지 않습니까? 제2 인생은 그 짧은 인생의 절반 이하에 불과합니다. 이마저도 남이 시키는 일만 하다가 끝낼 수는 없습니다. 창업 아이템부터 검토했습니다. 창업 경험이 없으니까 프랜차이즈가 상대적으로 안전할 것 같다는 생각이 들었습니다. 어차피 우리나라의 소자본 창업 문화는 프랜차이즈 중심으로 흘러가고 있으니까요. 게다가 저자는 몇 년 전에 가맹거래사 자격증까지 따 놓았습니다.

공정거래법에 따른 국가자격증으로 과거에는 '프랜차이즈중개사' 라고 불렀으나, 지금은 '가맹거래사'로 바뀌었음

프랜차이즈 가맹점을 성공적으로 운영하고 있던 선배와 상담했습니다. 그는 기대와는 다르게 폐업을 고민 중이었습니다. 가맹본사와의 갈등이 주된 원인이라고 말했습니다. 프랜차이즈 가맹점은 재료의 조달, 홍보전략 등에서 유리한 점도 있지만 구조적 한계점도 있습니다. 가맹본사의 운영방침에 따라야 하므로 자신이 원하는 방향으로 자유롭게 점포를 운영할 수 없습니다. 따라서 다양한 유형의 갈등이 발생할 수 있습니다.

가맹점은 가맹본사의 성공과 발전에 기여합니다. 그러나 가맹점 스스로의 성공과 발전에는 구조적 한계를 안고 있습니다. 가맹점은 경영권의 관점에서 보더라도 어정쩡한 측면이 있습니다. 운영의 자율성이 제약된다는 관점에서 보면 본질적으로 노동업과 다를 바 없습니다. '내 자본으로 운영하는 노동업'이라고도 볼 수 있습니다. 내

자본으로 운영하되 타인의 의사로 경영권이 좌지우지될 수 있는 구조입니다. 따라서 가맹점보다는 가맹본사를 운영하는 것이 유리합니다. 가맹본사를 운영하지 못하고 가맹점을 할 바에는 차라리 독립적 창업의 길로 가는 것이 맞겠다고 판단했습니다.

독립적 창업의 길! 말만으로도 멋진 일입니다. 직장에서는 노력과 능력의 결과가 관계·지연 등 불합리한 이유로 심하게 뒤틀린 적도 있었습니다. 언젠가는 독립적 창업의 길을 걸어 보고 싶었습니다. 창업 아이템부터 검토했습니다. 무심코 지나쳤던 거리의 수많은 간판도 눈여겨 보았습니다. '어떻게 저토록 다양한 간판을 내걸고 사업을 할까?' '무슨 자신감으로 사업을 할까?' 수많은 간판을 훑어보고 인터넷을 검색해도 마땅한 아이템을 선택하기가 어려웠습니다. 유통? 서비스? 제조? 음식? 장벽들이 높게만 느껴졌습니다.

일반적 창업 환경도 자신감을 떨어뜨렸습니다. 우리나라는 지금 베이비부머의 퇴직 쓰나미가 몰려오고 있습니다. 제1차 베이비붐세대1955년- 1963년생 710만 명의 퇴직은 이미 막바지에 이른 상태입니다. 자영업은 이들의 퇴직만으로도 이미 그 틈새가 없을 정도로 포화 수준에 이르렀습니다. 제2차 베이비붐세대1968~1974년생 604만 명도 이미 은퇴전환기인 50대의 나이로 접어들기 시작했습니다.

경제적·사회적 전망도 어둡습니다. IMF와 OECD는 한국 경제에 대하여 과도한 가계부채, 높은 청년 실업률, OECD 최하위 수준의 노동생산성, 강력한 구조조정의 필요성을 경고하고 있습니다. 전문가들은 빠른 고령화와 낮은 출생률도 미래의 성장 동력을 떨어뜨릴 것이라고 지적합니다. 미래학자들은 향후 약 10년 이내에 큰 위기가 현실화될 가능성도 있다고 진단하고 있습니다.

1인 기업

독립적 창업의 길! 그러나 마땅한 아이템을 찾는 일부터 어려웠습니다. 인터넷에서 거리에서 많은 지인들에게서 수많은 정보를 얻었지만 결정적 도움이 되지는 못했습니다. 몇 가지 안을 우선적으로 검토했지만 다양한 문제에 부딪혔습니다. 우왕좌왕 갈피를 못 잡고 있을 무렵에 TV 신년기획 특별강연KBS2, 100세 시대의 멋진 삶, 2015.1.3을 우연히 시청했습니다. '100세 시대를 어떻게 준비하며 살 것인가?'에 대한 김정운 교수의 특강이었습니다. 저자는 이를 계기로 창업에 대한 기본적 관점을 바꾸게 되었습니다.

'내가 진정으로 좋아하는 일은 무엇일까?', '내가 무엇을 하면 가장 잘할 수 있을까?', '나에게 진정으로 재미있고 의미 있는 일은 무엇일까?' 타성에 의한 자동적 사고의 틀을 벗어나서 처음부터 다시 생각해 보았습니다. 회사 다닐 때 경험이 있었던 분석기법도 활용하면서 체계적으로 검토했습니다. 이러한 과정을 거쳐서 '작가이자 강연가'로서의 관심분야를 재발견하게 되었습니다. 세 갈래 길

중에서 정보업의 길을 선택하게 된 것입니다.

실패와 견딤의 끝자락에서 드디어 가슴 뛰는 길 위에 서게 되었습니다. 마음 깊은 곳에 잠들고 있었던 '오래된 꿈'을 재발견한 것입니다. Version 3.0의 '관심분야'를 비로소 되찾은 것입니다. 어렵게 되찾은 가치와 목표를 회피하지 않고 꾸준히 밀고 가기로 결심했습니다. 남들이 어떻게 생각하든지 그것은 그들의 자유이고 그들의 일입니다. 남들의 시선에 대한 두려움의 장벽부터 스스로 확허물어 버리니까 속이 후련하고 자신감이 생겼습니다.

'그래! 이제부터 '새로운 시작'으로 나아가는 거야!', '남들이 어떻게 바라보든 그것은 내가 신경 쓸 일이 아닌 거야!', '정말로 내가 원하는 삶을 열심히 살면 되는 거야!' 이런 다짐과 함께 남들에게도 새로운 시작을 자신 있게 알렸습니다. '나는 작가이자 강연가입니다.' 노동업과 매매업의 길에 빨간색 X표를 긋고 관련 자격증을 모두 소각했습니다. "흔들림 없이 두려움 없이" 제2의 마라톤을 뛰겠다는 파부침주破釜沈舟의 다짐이었습니다.

관심 주제는 '행복한 제2 인생'으로 정했습니다. 나만의 멋진 제2 인생 체험을 만들고, 그것을 많은 사람과 나누고 싶었습니다. 저자는 금융권에서 오랫동안 일했지만 그것은 이미 흘러간 이야기입니다. 그쪽으로는 새로운 사람들이 계속 들어오고 있습니다. 경험과 안면에 의지해서 그들과 경쟁하고 싶지는 않았습니다. 그것이 아무리 익숙했던 일이라고 하더라도 이제는 더 이상 재미도 의미도 관심도 없는 낯선 일로 바뀌었습니다.

재발견한 '관심분야'에 대하여 우선 열심히 공부하고 체험하기로 기본방향을 정했습니다. 공부와 체험에 대한 향후 5년 동안의 실천계획도 세웠습니다. 아내에게 그 실천계획을 설명하고 앞으로 최소한 3년 이상은 다른 말없이 지켜만 봐 달라고 부탁했습니다. 그것은 재취업 노력을 깨끗이 단념하고 앞으로 온전한 실업자로서 최소한 3년 이상을 공부와 마음수행에만 전념할 계획이니까 이해해 달라는 뜻이었습니다.

퇴직으로 인하여 가계의 소득절벽 현상이 지속되었습니다. 최대한의 절약모드로 살림살이를 꾸리며 곶감 빼 먹듯 학비와 생활비를 감당했습니다. 미안한 마음을 갖고 있었는데 식구들의 반응이 정말로 예상 밖이었습니다. "조급하게 생각하지 말고 열심히 공부하세요!" 식구들의 이해와 따뜻한 격려가 큰 힘이 되었습니다. 부정적 반응을 잔뜩 예상했었던 나 자신이 정말로 부끄럽게 느껴졌습니다.

환갑을 앞에 둔 늦은 나이에 대학원에 다시 진학했습니다. 마음분야를 공부하기 위하여 명상심리상담학을 전공했고 젊은 시절보다 더 열정적으로 공부에 전념했습니다. 세미나와 수련회에도 부지런히 참석했습니다. 3년 동안 읽은 인문도서의 양이 지난 30년 동안 읽은 양보다 더 많았습니다. 독서노트도 꼼꼼히 기록하고 반복적으로 읽었습니다. 관련 분야의 자격증들명상상담사 등을 새로 취득했고 학위논문도 썼습니다. 이렇게 공부하고 체험한 내용을 바탕으로 약 3년에 걸쳐 열과 성을 다하여 이 책도 썼습니다.

대학원을 졸업한 후에 1인 기업 '은퇴전환기마음연구소http://cafe. daum.net/After50'를 설립했습니다. 나만의 제2 인생 체험과 노하우로 책을 써내고 강연을 하며 지혜를 나누는 멋진 활동을 하고 싶었기 때문입니다. 1인 기업을 열었다니까 지인들은 "사무실이 어디냐?"라는 것부터 묻습니다. 사무실 얻고 직원 구하고 전화기에 자동차 놓고 폼 나게 시작할 경제적·시간적 여유도 없고 그렇게 하고 싶은 생각도 없습니다.

1인 기업은 나 자신이 기업이고 브랜드입니다. 사무실이 중요한 게 아니고 체험과 지혜와 실력이 중요합니다. 그럴듯한 사무실은 뒤로 미루고 최신 노트북을 샀습니다. 노트북만 있으면 어느 곳에서나 일할 수 있습니다. 젊은이들처럼 카페에서도 일할 수 있습니다. 국회도서관 등에서도 일할 수 있습니다. 보증금 없이 한 달 사용료만 내면 SOHO 사무실에서도 일할 수 있습니다. 세미나와 회의 등이 필요하면 공공시설에서 시간제로 대여할 수도 있습니다.

이와 같이 최대한 비용효율적으로 1인 기업을 자유롭게 운영하고 있습니다. 1인 기업은 자기계발을 꾸준히 해야 하는 사업이므로 성취감도 매우 높습니다.

저자는 이제 새로운 시작의 길 위에 당당히 서 있습니다. 돈벌이를 못해서 찜찜했던 마음도 차분히 가라앉았습니다. 얼마만큼 버느냐가 중요한 게 아닙니다. 정말로 원하는 일을 재미있게 하고 있다는 것, 그것 하나만으로도 무척 행복하고 대견스럽습니다. 원하는 일을 하니까 그 자체가 새로운 활력이 됩니다. 인터넷 카페에 매일 글을 올리며 생각을 정리하고 다듬는 일에서도 색다른 재미를 느낍니다. 나의 이야기를 기다리는 사람이 있다는 사실만으로도 행복합니다. 이야기에 공감하는 사람이 있을 때 더 없는 희열감을 느낍니다. 저자는 이처럼 충만한 자신감을 바탕으로 활기찬 제2 인생을 살아 내고 있습니다.

앞으로 해야 할 일들도 많습니다. '관심분야'의 동호회 · 학회 · 카페 · 단체에 가입하여 정보도 교환해야 합니다. 책도 꾸준히 쓰고 기고도 해야 합니다. 인터넷카페 회원 · 주민 센터 · 종교 단체 등을 대상으로 세미나도 열어야 합니다. 누구든지 무료로 참여할 수 있는 '우리 동네 마음건강 정기세미나'도 개최해야 합니다. 직장인을 대상으로 하는 맞춤강연도 계속해야 합니다. 온라인 카페도 더욱 활성화시켜서 커뮤니티 및 홍보의 장으로 활용해야 합니다. 다

양한 분야예: 강연, 표현치유, 명상, 상담, 심리검사 등의 파트너들과 사업을 공유해야 합니다. 그들과 함께 '명상심리상담협동조합'이라는 사회·경제적 연대의 틀을 통하여 다양한 사회활동도 활발히 전개할 계획입니다.

우리는 누구나 남다른 지혜, 지식, 정보, 체험을 갖고 있지만 그러한 것들에 대하여 특별한 가치를 부여하지 못하고 있습니다. 내 인생을 다른 사람에게 맞추는 일에만 익숙할 뿐입니다. 쇼펜하우어는 "인간은 다른 사람들처럼 되고자 하기 때문에 자기잠재력의 3/4을 상실한다."라고 지적했습니다. 나만의 특별한 지혜, 지식, 정보, 체험에 특별한 가치를 부여하고 그것을 제2 인생에서 사업과 봉사의 방식으로 접목해 보세요. 물론 쉬운 일은 아닙니다. 마음의 밑바탕에 깔려 있는 '조급함'과 '두려움'의 감정부터 걷어 내야 합니다. 은퇴전환기에 마주치는 견딤과 기다림의 고통을 중간지대의 필수과정으로서 기꺼이 허용할 수 있다면, 나만의 지식과 체험을 바탕으로 한 새로운 길로 나아갈 수 있게 됩니다.

지인 중에는 갈등, 화, 웃음, 감사, 경청, 실패, 전원생활, 중개 노하우 등 자기만의 지혜, 지식, 정보, 체험을 활용하는 사람들이 있습니다. 목공예, 악기 연주, 재활용 옷으로 애완동물 옷 만들기 등 취미를 일로써 활용하는 사람도 있습니다. 나의 '관심분야'를 주제로 '내 인생의 첫 책 쓰기'에도 도전해 보세요. 책 쓰기는 과정적·

결과적으로 큰 힘이 됩니다. 특별한 소수의 사람만이 책을 쓸 수 있는 것은 아닙니다. 자신만의 독특한 지혜, 지식, 정보, 체험을 진솔하게 쓰는 것입니다. "전문가가 책을 쓰는 것이 아니라, 책을 쓰면 전문가가 될 수 있다."라는 말도 있습니다. 미국의 소설가 존 업다이크John Updike, 1932-2009의 말을 빌리면 "꿈은 이루어진다. 이루어질 가능성이 없었다면 애초에 꿈꾸게 하지도 않았을 것"입니다.

▲ 꿈은 이루어진다 ★ 2002 월드컵

쉰 살 넘었나요? 제2 전성기 준비하시죠

서울시 '50+세대' 인생 2막 지원
새로운 일 · 사회활동 개척 돕기로

서울시가 '50+재단'을 설립하고 50~64살로 묶이는 '50+세대'의 인생 2막을 지원하고 나섰다. 서울시는 정책 사각지대에 놓인 50+세대를 체계적으로 지원하기 위해 '50+재단', '50+캠퍼스', '50+센터'를 3개 축으로 하는 종합지원정책을 1일 발표했다. 이를 위해 5년 동안 모두 1,956억 원을 투입할 계획이다. 서울시는 "지자체에서 50+세대를 위해 본격적인 정책을 마련한 것은 서울이 처음"이라고 말했다.

이날 출범한 50+재단은 서울시 50+사업의 컨트롤타워총괄 기획이자 싱크탱크다. 윤만호 50+재단 이사장은 "50+세대가 같은 일자리를 놓고 청년과 경쟁하는 것이 아니라 어떤 일은 청년에게 내주고 어떤 일을 남아서 할 것인지 고민할 것이다. 사회적 기업, 협동조합 등을 통해 50+세대만의 블루오션을 개척하겠다."라고 말했다.

50+캠퍼스는 교육과 일, 문화, 커뮤니티 활동으로 새로운 인생 모델을 창조하도록 50+세대를 돕는 광역형 지원기관이다. 서울시는 이날 은평구 서울혁신파크에서 개관한 서북캠퍼스를 시작으로 2018년까지 권역별 캠퍼스 6개를 세울 계획이다.

50+센터는 지역 기반 활동공간으로 현재 도심과 동작, 영등포 등 3곳에서 운영되고 있고, 노원센터가 개관을 앞두고 있다. 서울시는 2020년까지 19개 센터를 설치해 자치구마다 50+지원기관캠퍼스 · 센터을 하나씩 둘 계획이다.

캠퍼스와 센터에서는 앞으로 5년 동안 35만 명을 대상으로 50+인생학교, 맞춤형 심화과정, 50+컨설턴트 등 1만 5,000여 개의 맞춤형 강좌를 운영한다. 사회공헌형 공공일자리보람일자리, 기업퇴직예정자 대상 서울형 앙코르 펠로십, 관광사업, 협동조합을 통한 민간 일자리, 맞춤형 취 · 창업, 기술교육 등을 통해 5년 동안 50+일자리 1만 2,000여 개도 창출할 계획이다.

– 한겨레신문 2016.6.1 A14면

05

서두름 없이
멈춤 없이

U자형 행복곡선

청춘을 바쳐서 열심히 살아왔건만 제2 인생을 시작하며 한숨을 쉬게 됩니다. '겨우 이게 다였어?', '도대체 언제부터 행복한 삶이 시작될 수 있는 거야?', '행복한 삶이란 게 있기는 한 거야?' 나이 들수록 더 행복해질 수 있다는 희망적 연구 결과 하나를 소개합니다. 심리학자 칼스텐슨Laura Carstensen은 사람들의 연령대별 행복도를 분석하여 'U자형 행복곡선 이론'을 발표했습니다. 그의 연구에 따르면 사람들의 행복도는 10대 후반부터 내림세로 접어들어서 40대 후반쯤에 바닥을 친다고 합니다. 그 뒤에 다시 상승하여 80세 언저리에서 정점을 찍게 된다고 합니다.

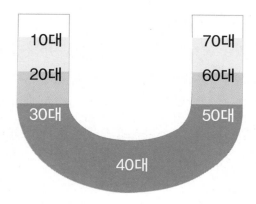

뜬금없는 소리로 들릴지도 모르겠습니다. 그러나 이 문제를 파고든 많은 심리학자들도 칼스텐슨과 비슷한 주장을 합니다. 90대 후반의 나이에 활발한 강연활동을 하는 철학자 김형석 교수도 "80세 언저리가 인생의 최고 황금기"라고 회고했습니다. 노인의 빈곤률과 자살률이 높은 우리나라 현실에서는 맞지 않는 이론이라고 생각할 수도 있겠습니다. 그러나 외형적 조건보다는 내면의 변화가 행복을 좌우한다는 관점에서 보면, 이 이론은 어느 정도 설득력이 있을 것이라고 생각합니다.

50대 이후에 성숙한 '내면의 힘'을 갖추기 시작하면 고통과 불행이 닥치더라도 너끈히 이겨낼 수 있게 됩니다. 누구든지 오후의 인생에서는 삶의 끝자락으로 점점 다가갑니다. 따라서 앞으로 올지도 안 올지도 모르는 불확실한 미래보다는 '지금 여기'에 집중하면서 살게 됩니다. 이처럼 나이가 들면 '지금 여기'에 머물기 때문에 상대적으로 더 행복해질 수 있다는 것이 'U자형 행복곡선 이론'의 근거입니다. '지금 여기'의 삶은 동서고금의 사상가들이 공통적으로 강조한 행복의 기본원리입니다.

한 가지 연구 사례를 더 소개하겠습니다. '하버드대학교 성인발달연구'는 세계에서 가장 오랫동안1938년부터 현재까지 진행되고 있는 행복연구 프로젝트입니다. 인간의 행복 문제에 대하여 종단적·횡단적으로 분석한 결과 "인간의 삶은 노년에도 계속 발전할 수 있으며, 때로는 젊은 시절보다 더 만족스럽게 살 수 있다."라는 결론을 내렸다고 합니다.

누구나 다 자동으로 'U자형 행복곡선' 위를 걸어갈 수 있다는 뜻은 물론 아닙니다. 이를 위해서는 두 가지 조건이 필요합니다. 첫째는 '내면의 힘'을 기르는 것입니다. '내면의 힘'을 기르면 고요한 마음으로 다시 정진할 수 있게 됩니다. 또한, 제2 인생의 전체상을 제대로 바라보면서 새로운 삶으로 나아갈 수 있게 됩니다.

둘째는 '지금 여기'에 집중하는 삶을 사는 것입니다. '지금 여기'에 집중하는 삶이란 귀찮고 사소한 일상사에서도 기쁨과 감사를 느낄 수 있는 충만한 삶을 말합니다. 또한 진정으로 원하는 '새로운 역할'을 찾아서 그 일에 정진할 수 있는 삶을 말합니다.

진정으로 원하는 '새로운 역할'이란 무엇일까요? 돈벌이를 무조건 우선시하는 사람도 있습니다. 돈이 노후대책의 전부가 될 수 있다고 믿는 사람이 삶의 의미를 찾지 못한 채 방황하는 경우를 보았습니다. 호스피스 운동으로 유명한 엘리자베스 퀴블러 로스Elizabeth Kubler Ross, 1926-2004는 오백 명의 호스피스 병동 환자들에 대한 인터뷰 내용을 책으로 펴냈습니다. 죽음을 앞둔 그들이 가장 많이 후회했던 말은 무엇이었을까요? "나는 돈의 노예였어!", "나는 내가 하고 싶은 일을 한 적이 없어!"라는 것이었다고 합니다.

브로니 웨어Bronnie Ware는 호주에서 말기 환자들을 돌보는 간호사로 수십년 동안 일했던 사람입니다. 그녀는 병원에서 말기 환자들의 마지막 이야기를 들으면서 자신의 블로그에 글을 올렸고 이 글들을 책으로 펴냈습니다. 죽음을 눈앞에 둔 환자들이 삶의 끝자락에서 지난날 자신의 삶에 대하여 가장 많이 남긴 말은 무엇이었을까요? "다른 사람이 아닌 내가 원하는 삶을 살았더라면"이라는 것이었다고 합니다.

위의 사례들을 통하여 우리는 삶의 방식에 대한 분명한 교훈을 얻을 수 있습니다. 제2 인생에서는 그동안 익숙한 삶의 방식을 새로운 관점으로 전환해야 합니다. 돈과 같은 외형적 조건에만 집착하지 말고 '행복' 그 자체에 삶의 중심을 맞출 수 있어야 합니다. 이것은 "재미와 의미가 만나는 지점에서 오늘을 살라."라는 김정운 교수의 말과도 비슷한 맥락입니다.

　오후의 제2 인생! U자형으로 연착륙할 것인가? L자형으로 경착륙될 것인가? 우리는 U자형 행복곡선으로 걸어갈 수 있기를 기원합니다. 이 길을 걷기 위해서는 두 종류의 연료를 충전해야 합니다. 첫째는 '내면의 힘'을 길러서 이를 새로운 에너지원으로 삼아야 합니다. 둘째는 진정으로 원하는 '새로운 역할'을 찾아 '지금 여기'에 집중하는 삶을 살아야 합니다.

그 꽃

　설악산 백담사에 가 보셨나요? 셔틀버스에서 내려 계곡의 다리를 건너면 입구 왼편에 20여 개의 시비詩碑들이 늘어서 있습니다. 짧지만 내면에 강렬한 울림을 주는 시들을 만날 수 있습니다. 그중에 고은 시인의 '그 꽃'이라는 시를 소개합니다.

　　내려갈 때 보았네
　　올라갈 때 못 본
　　그 꽃

　오후 인생의 대표적 변화는 '내려감'입니다. '내려감'은 온갖 종류

의 근심, 걱정, 고통을 달고 옵니다. 융C. G. Jung은 인생의 오후를 "자기에 대한 가장 큰 소외를 경험하는 총체적 위기의 과정"이라고 경고했습니다. 또한 "내면의 진정한 자기를 만나고 전체성을 실현하는 과정"이라고도 평가했습니다. 침체의 과정으로 갈 것인가? 성숙의 과정으로 갈 것인가? 이 두 개의 길 중에 과연 어떤 길을 선택할 것인지는 스스로의 마음에 달려 있습니다.

고은 시인이 내리막길에서 본 '그 꽃'은 무엇일까요? 저자는 고은 시인의 시를 감상하면서 융의 말을 연상했습니다. '그 꽃'은 오후의 인생을 성숙의 길로 갈 수 있게 하는 그 무엇이 아닐까요? "내면의 진정한 나를 만나고 전체성을 실현"할 수 있게 하는 그 무엇이 아닐까요? 저자는 고은 시인이 본 '그 꽃'의 메시지를 이런 관점으로 이해했습니다.

오후의 인생을 성숙의 길로 갈 수 있게 하는 나 자신의 '그 꽃'을 찾아보세요. 특정한 사람의 삶의 방식을 무조건 그대로 따라갈 필요는 없습니다. 다른 사람이 아닌 '나'의 본성에 따라 살아갈 수 있는 용기 있는 삶의 모습을 재발견해 보세요. 내면의 소리에 귀 기울이면서 서슴없이 그 소리를 따라 강물처럼 흘러갈 수 있는 '그 꽃'을 찾아 보세요.

저자는 28년^{어린시절, 학창시절, 군 복무기간 포함}을 준비한 끝에, 공교롭게도 28년간의 직장생활을 할 수 있었습니다. 학교를 졸업한 후에 취직해서 승진하고, 결혼하고, 아이 낳아 기르고, 50대 중반에 퇴직했습니다. 직장생활을 하는 동안에는 인생의 의미와 이야기들이 그냥저냥 자동으로 만들어졌습니다. 대부분의 은퇴전환기 사람들이 저자와 비슷한 패턴의 삶을 살았으리라고 추정됩니다.

평균수명이 짧았던 과거에는 퇴직 후에 여행이나 다니거나 쉬면서 보냈습니다. 그러다가 경로우대증을 받고 손주를 보살피다가 생을 마감하는 경우가 많았습니다. 그러나 100세 시대인 지금은 약 30~40년간의 새로운 제2 인생을 살아내야 합니다. 인생의 뒷부분을 커버할 새로운 이야기가 필요해진 것입니다. 들려줄 이야기가 없는 삶은 무의미하고 공허한 삶이 될 수 있습니다. 새로운 이야기를 만들지 못하면, '내가 옛날에 젊었을 때는….' 이런 식의 고리타분한 이야기만 고장 난 테이프처럼 반복할 것입니다.

지인 중에 약 40년 동안의 오랜 직장생활을 마치고 퇴직한 사람이 있습니다. 그런데 실업 상태로 1년을 지내니까 아내에게 들볶이기 시작했습니다. 잠시라도 돈벌이를 못 하면 큰일이라도 날 것처럼 용돈이라도 벌어오라고 매일 잔소리를 했습니다. 이렇게 조급하게 억지로 내몰려서 용돈 벌이를 하면 뭐하겠습니까? 길게 보면 스트레스에 의한 후유증으로 득보다 실이 더 크지 않겠습니까?

"어떤 일이든 때가 있는 법, 때가 채 이르기도 전에 애를 쓰면 도리어 화를 당한다."라는 성현의 말도 있습니다. 은퇴전환기의 공백은 결코 헛된 시간이 아닙니다. 그것은 제2 인생의 새로운 이야기를 준비하기 위한 소중한 훈련기간입니다. 오전 인생과 오후 인생은 전혀 다른 프로그램으로 작동됩니다. 제2 인생의 이야기 구조는 제1 인생의 이야기 구조와는 본질적으로 다릅니다. 오전 인생에서는 오랫동안의 준비를 거친 후에 비로소 사회생활을 시작할 수 있었습니다. 오후 인생에서도 마찬가지입니다. 견딤과 기다림의 매듭 없이 쉽게 전환될 수는 없습니다. 서두르지 말고 천천히 '내면의 힘'부터 길러야 합니다. 이를 위해서는 가족특히 배우자의 공감과 지원이 절대적으로 필요합니다.

100세 시대 제2 인생! 이야기는 다시 시작되어야 합니다. 돈 벌기와 완장 차기에만 급급하지 말고, 진정으로 원하는 삶을 살아내야 합니다. 가장 먼저 준비해야 할 일은 마음을 제2 인생 모드로 확실하게 리셋 하는 일입니다. 마음을 과거 모드 그대로 내버려 둔 채 조급하게 새로운 길로 나서는 것은 마치 모직 옷을 일반세탁 모드로 돌리는 행위와 같습니다. 제2 인생! 행복과 성공의 비밀은 '내면의 힘'을 기르고, '진정으로 원하는 일'을 하면서 '지금 여기'에 집중하는 삶을 사는 것입니다.

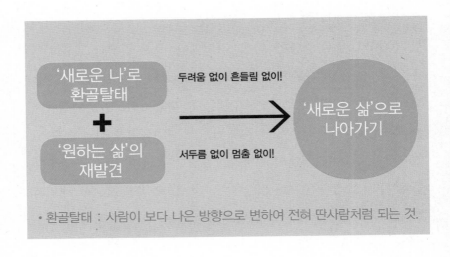

• 환골탈태 : 사람이 보다 나은 방향으로 변하여 전혀 딴사람처럼 되는 것.

저자는 제2 인생을 시작하면서 '그 꽃'을 보았습니다. 이 책은 '그 꽃'을 보게 된 과정을 진솔하게 이야기한 것입니다. 저자는 퇴직 후의 중간지대 황무지를 거치면서 '새로운 나'의 모습으로 환골탈태했습니다. '내면의 힘'을 통하여 맑고 깨끗한 에너지를 충전 받고 있습니다. 진정으로 하고 싶은 일을 하면서 '지금 여기'에 집중하고 있습니다. 일상의 소소한 일들에서도 충만한 기쁨과 감사를 느끼고 있습니다. '작가이자 강연가'로서의 가슴 뛰는 길 위에 서서 제2 인생의 새로운 이야기를 당당히 써 나가고 있습니다. 시련도 즐거움도 기꺼이 두루 맛보면서 힘차게 나아갈 것입니다.

두려움 없이 흔들림 없이! 서두름 없이 멈춤 없이!

감사합니다. 끝.

50플러스 지원 기관

50플러스캠퍼스

서울특별시 50플러스캠퍼스는 50+세대를 위해 교육과정을 운영하고 일자리 및 창업 지원, 사회참여 지원, 여가와 일상 지원 활동을 펼치는 기관입니다. 50+세대의 새로운 인생 모델을 창조하고 지원하는 플랫폼이자 50+세대가 매일 모이고, 하루를 보내고, 배우며 스스로 만들어가는 아지트이기도 합니다. 다양한 주체들이 경험을 나누고 소통하는 광장입니다.

- 인생재설계 교육
- 전직지원 교육
- 사회공헌 아카데미
- 동문회, 사후관리 등

교육지원

일자리
창업지원

- 일자리 상담, 정보제공
- 창업, 창직 지원
- 전문기술, 지식 배양
- 공유사무실 운영 등

50+캠퍼스

- 재능나눔
- 자원활동 지원
- 캠페인 등

사회참여
지원

일상지원

- 건강지원
- 여가,일상가꾸기
- 문화, 예술활동 지원
- 커뮤니티 지원 등

50플러스센터

100세 시대를 맞이하여 직업현장에서 은퇴예정이거나 퇴직한 베이비부머 세대에게 성공적인 인생 2막을 준비할 수 있도록 각종 프로그램을 제공합니다. 새로운 직장을 원하는 분들에게는 재취업의 기회를 알선하는 한편 성공적인 창업과 사회공헌, 커뮤니티 활동 등 다양한 프로그램을 마련하고 있습니다. 또한, 안정된 노후생활을 지원하기 위해 재테크 교육, 건강관리, 다양한 여가활동과 삶의 질 향상을 위한 교육과정 및 도서관을 운영하고 있습니다.

■ 도심권50+센터
서울시 종로구 수표로26길 28 동의빌딩 / 전화: 02-3672-5060
http://www.dosimsenior.or.kr/

■ 노원50+센터
서울시 노원구 노원로 30길 73 / 전화: 02-930-5060
http://nowon.50center.or.kr/

■ 영등포50+센터
서울시 영등포구 여의대방로 372 여의도복지관 3층 / 전화: 02-2635-5060
http://ydp.50center.or.kr/

■ 동작50+센터
서울시 동작구 노량진로 140 메가스터디타워 2층 / 전화: 02-3482-5060
http://www.dongjak.50center.or.kr/

▲ 도심권 50플러스센터

▲ 동작 50플러스센터

마음을 다스리는 인생전환기의 준비로
제2 인생을 준비하는 모든 분들에게
행복과 긍정의 에너지가 팡팡팡 샘솟으
시기를 기원드립니다!

권선복
도서출판 행복에너지 대표이사
영상고등학교 운영위원장

우리나라의 제1차 베이비붐 세대가 환갑을 맞이하고 제2차 베이
비붐 세대 역시 50대에 접어들면서 수많은 사람이 은퇴전환기를
맞이하고 있습니다.

그러나 은퇴전환기에 들어선 사람들은 이제 단순한 은퇴로 삶을
마무리할 수 없는 현실을 마주하고 있습니다. 100세 시대에 들어선
지금은 '은퇴'가 아닌 '반퇴'를 통해 새로운 시작을 준비하는 순환형
인생주기를 만들어야 합니다. 지금은 그런 세태에 맞추어 은퇴전
환기를 대비하는 길라잡이 책이 수없이 쏟아지고 있습니다.

책『마음길라잡이』는 은퇴전환기를 대비하라는 여러 책들과는 달리, 은퇴 후 방황기에 가장 중요한 '마음을 다스리는 방법'을 안내합니다. 다른 은퇴전환기의 성공담처럼 소수의 거대하게 빛나는 영웅담이 아닌, 누구나 일상에서 소소하게 빛나는 행복의 주인공이 되도록 돕기 위한 것입니다.

저자는 탄탄한 이론을 바탕으로 전환기에 맞이하는 심리적인 변화와 그로 인한 행동의 변화를 심리학적 관점에서 세밀하게 접근하면서 마음을 다스려야 함을 말합니다. 또한, 명상을 중심으로 마음을 다스리는 방법을 안내하며 명상을 처음 접하는 독자들이 부담 없이 받아들일 수 있도록 실질적인 방법과 예시를 들어 간단히 따라해 볼 수 있도록 유도합니다. 저자의 친절한 안내를 따라 책을 읽다 보면 누구나 자신의 마음을 다시 바라보게 되고 은퇴전환기를 맞이하는 마음가짐이 달라지는 경험을 할 수 있을 것입니다.

저자는 "행복과 성공의 비밀은 '내면의 힘'을 기르고, 진정으로 원하는 일을 하면서 '지금 여기'에 집중하는 삶을 사는 것"임을 강조하며 마음수행으로 내면의 나를 찾아 행복한 삶을 살 것을 말합니다. 이를 통해 은퇴전환기에 많은 혼란을 겪고 있는 세대들이 행복을 찾을 수 있도록 하는 것입니다.

저자가 보여주는 길라잡이 속 선한 기운이 이 책을 읽는 분들의 삶에 널리 퍼져 행복한 제2의 인생을 사시기를 소망하며, 모든 분들의 삶에 행복과 긍정의 에너지가 팡팡팡 샘솟으시기를 기원드립니다.

마음아, 이제 놓아줄게

이경희지음 | 값 15,000원

책 『마음아, 이제 놓아줄게』는 갤러리 램번트가 주최한 '마음, 놓아주다' 전시 공모에서 당선된 스물일곱 예술가들의 치유 기록을 엮어낸 책이다. 여기에는 작품을 통해 상처를 예술로 승화시킨 이들의 진솔한 이야기가 담겨 있다. 화가 개개인의 작품 소개와 함께 작가의 생각, 또 저자 본인의 이야기를 덧붙여 상처를 치유하는 하나의 과정 속으로 독자를 천천히 안내한다. 그 길을 따라 걷다 보면 우리는 힘겹게 붙잡고 있던 마음을 놓아주며 상처를 치유할 수 있게 된다.

아파트, 신뢰를 담다

유나연 지음 | 값 15,000원

책 『아파트, 신뢰를 담다』는 아파트관리사무소장의 가슴 따뜻한 이야기를 진솔하게 풀어내고 있다. 저자는 '진정성', '역량', '공감', '존중', '원칙'이라는 여섯 개의 키워드를 바탕으로 500세대 아파트를 믿음과 신뢰로 이끌어온 과정을 생생하게 그려낸다. 이 과정에서 '아파트'라는 하나의 공동체 문화를 만드는 데 있어 '신뢰'라는 키워드가 가장 중요하게 작용하였다고 말한다. 또한 저자는 "사람이 답이다"라는 진리를 새기고 모두가 함께 노력해야 함을 강조한다

우리는 기적이라 말하지 않는다

서두칠 · 최성율 지음 | 값 20,000원

책 『우리는 기적이라 말하지 않는다』는 1998년부터 시작된 '한국전기초자'의 경영혁신 3년사(史)를 기록한 책으로, 당시 대우그룹에 소속되어 있던 서두칠 사장이 전문경영인으로 온 후 한국전기초자에 어떤 변화가 일어났는지 세세하게 담아내고 있다. 뿐만 아니라 증보판으로 다시 펴내면서, 한국전기초자에서 서두칠 사장과 함께했던 최성율 팀장의 '성공혁신 사례'도 싣고 있어 당시 어떤 식으로 혁신 운동이 전개되었는지 더욱 생생하게 알 수 있도록 하였다.

내 아이의 미래 일자리

안택호 지음 | 값 15,000원

책 『4차 산업혁명 시대의 부모가 알아야 할 내 아이의 미래 일자리』는 앞으로 4차 산업혁명 시대를 직접적으로 향유하게 될 우리 아이들을 위해, 부모가 어떻게 자녀를 교육해야 하며 어떻게 미래를 대비하게 할 것인지를 알려준다. 학문적으로 어렵게 접근하지 않아도 충분히 미래를 읽을 수 있으며, 그를 통해 아이들을 어떻게 교육해야 할지 알기 쉽게 설명해주어 독자들의 흥미를 자극한다. 자녀를 둔 부모들뿐만 아니라 미래 일자리에 대해 알고 싶은 학생들도 충분히 쉽게 읽을 수 있다